KB121589

차이나 디지털 플랫폼 전쟁

China Platform

차이나
디지털플랫폼 전쟁

유 한 나 지음

BOOK STAR

코로나19 팬데믹 이후 중국 경제의 새로운 도약이 시작됐다!

최근 국내 IT 대표 기업인 네이버와 카카오톡이 몸집 불리기에 나섰다. 이들의 몸집 불리기 전략은 단순히 근육을 키우는 것만이 아니다. 이제부터는 누가 진짜 지혜롭고 스마트하게 오래 갈 수 있는지 체력전으로 이어졌다고 할 수 있다. 그렇다면 한국을 대표하는 IT 기업들은 어떠한 총알들을 준비하고 있을까?

네이버는 SM엔터테인먼트에 1,000억 원을 투자하여 디지털 콘텐츠 플랫폼을 구축하기로 했다. 카카오도 2023년까지 카카오M 플랫폼을 통해 영화, 드라마 등에 투자하여 콘텐츠 사업을 더욱 확장하기로 하였다. 또한, 언컨택트 콘셉트에 발맞춰 카카오톡은 톡딜라이브, 네이버는 셀렉티브를 통한 라이브커머스 플랫폼을 적극적으로 구축하였다. 금융 방면에서 네이버는 네이버 파이낸셜을 설립하였고 보험, 대출, 주식을 포함한 금융 상품을 선보일 예정이다. 카카오톡 역시 카카오뱅크를 통해 신용대출 서비스를 제공하고 있다. 그뿐만 아니라 소셜 커머스 쿠팡은 싱가포르의 OTT(인터넷을 통해 볼 수 있는 TV 서비스) 업체 훅(HOOQ)과 인수합병 계약을 체결하며 비즈니스 모델에 변화를 가하였다.

이렇게 국내 빅테크 기업들은 금융, 콘텐츠, 라이브 커머스의 영역으로 사업을 확장하며 생태계를 구축해 나가고 있다. 디지털 트랜스포메이션 시대에 맞추어 비즈니스 포트폴리오가 바뀌고 있으며 그런 디지털 시대에 부응하고자 기업들과 투자자들의 움직임은 점점 더 빨라지고 있다. 이제는 시대에서 살아남느냐 도태되느냐 하는 생존의 전쟁으로까지 번졌기 때문이다. 디지털 사피엔스가 요구하는 것에 따라 문명을 만들어야 하는 과제를 안고 있는 것이다. 이들 기업은 단순한 검색 엔진, SNS, 이커머스(e-Commerce) 영역을 뛰어넘어 인공지능, 빅데이터 기술을 반영한 디지털 트랜스포메이션의 종합 기업으로 성장하고 있다.

마윈(马云, Jack Ma)은 "미래에 회사는 없고 단지 플랫폼만 존재할 것이다."라고 하였다. 무슨 의미일까? 이제 사람들은 플랫폼을 통해 의식주를 해결하고 일을 하며 문화를 향유하게 될 것이라는 말로 해석해 보았다. 특히 코로나바이러스로 사람과 사람의 접촉이 불가능해지면서 플랫폼 산업들이 더욱 성장세를 나타낼 것이라는 예측도 포함된다. 그렇다면 플랫폼이란 무엇일까?

플랫폼이란 수요자와 공급자가 서로 가치를 교환하고 거래할 수 있는 양면 시장이다. 노벨 경제학상을 수상한 장 티롤(Jean Tirole) 교수에 따르면, 이 양면 시장을 통해 네트워크 효과가 발생한다고 한다. 플랫폼의 생태계가 커지면 커질수록 초연결 중심의 네트워크 효과가 창출된다. 사용자는 또 다른 사용자에 의해 영향을 받게 되고 이는 규모 경제와 합쳐져 더 큰 네트워크의 스파클을 만든다.

이러한 흐름 속에서 우리의 일상 또한 플랫폼 안에서 살아가게 될 수밖에 없는 조건 속에 놓이게 된다. 친구랑 대화를 하고 쇼핑을 하며 밥을 먹고 결제하는 등 모든 일상과 행동 방식이 카카오톡 혹은 네이버를 통해 이루어지는 것은 더 이상 낯선 풍경이 아니기 때문이다.

앞으로 플랫폼 기업들은 혁신적인 4차 산업혁명 기술과 결합하여 플랫폼의 플랫폼인 슈퍼 플랫폼들을 만들어 가게 될 것이다. 이러한 움직임은 지금 현재 진행 중이다.

코로나바이러스와 중국의 변화

많은 전문가는 공통적으로 "우리의 삶은 코로나 전과 후로 변화될 것이다."라고 말해 왔다. 올해 최대의 키워드는 '변화'로 꼽을 수 있다. 《손자병법》에 따르면, 중국 철학자들도 세상은 계속해서 변화한다는 생각을 밑바탕으로 깔고 있다. 손자 역시 전쟁에서는 변화를 융통성 있게 조합해 사용해야 함을 강조한다. 그렇다면 포스트 코로나 시대 중국의 변화는 어디에 위치하여 있을까?

코로나바이러스 여파로 인해 과연 중국 경제는 뒤흔들리는 것일까? 중국 경제에 대한 불확실성이 점점 높아지고 있다. 한쪽에서는 중국 경제에 대한 기침 소리가 들려온다. 그렇다면 코로나 사태 이후 중국의 상황은 어떠하였을까?

광둥성, 후베이성. 쑤저우 일대의 공장들은 일제히 생산 가동을 연기하였다. 자동차 제조업 중심지로 알려진 우한의 혼다, GM 자동차 제조 공장들 또한 생산을 중단하였다. 그뿐만 아니라 중국 내 애플 직영 매장이 문을 닫았고 가구 전문 매장 이케아 또한 폐쇄되었다. 스타벅스, 맥도날드, 유니클로도 문을 닫았다. 겉으로만 보면 중국의 상황은 실로 참담한 실정이 아닐 수 없다.

그러나 눈여겨봐야 할 것은 이를 틈 타 중국의 경제가 새로운 전환의 국면을 맞이하고 있다는 사실이다. 바로 온라인 유통이 잦아지면서 온라인, 모바일 플랫폼 경제로서 모멘텀의 단계를 밟고 있다는 것이다. 최근 중국에는 '위기 속에 기회가 있다(危中有机)'라는 말이 생겨났다. 그만큼 현재 중국이 위기에 대한 위협과 그 속에서 기회를 발굴하려는 움직임이 있다는 것을 이야기해 준다. 또한, 한편으로는 경제 발전에 대한 긴장감과 긴박함도 읽을 수 있다.

전체적인 경제와 산업의 구조가 변화되면서 사람들의 소비도 달라졌다. 중국에서도 신선식품 주문, 생활용품 주문 등 온라인 구매가 급증하고 있으며 오프라인 상점들은 전자상거래 플랫폼과 협력하여 O2O 모델을 도입하였다. 중국의 유명 식재료 배달 앱 딩동마이차이(叮咚买菜)는 직원들이 24시간 돌아가며 일할 정도로 더 바빠졌다. 맛집 앱 메이투완따중디엔핑(美团大众点评)도 로봇 배송을 통해 언택트 배달 서비스를 제공하고 있다. 그뿐만 아니라 코로나바이러스 기간 동안은 특히 온라인, 모바일을 통한 교육, 의료 참여 역시 급증하였다.

또한, 중국을 대표하는 IT 기업들은 차이나 방역을 전개하였다.

텐센트(腾讯)는 지엔캉마(健康码)라는 건강 QR코드를 출시하였는데 현재 사용자 수는 7억 명을 돌파하였다. 지엔캉마는 지엔캉 QR코드를 스캔한 후 신분 정보 및 건강 상태를 입력하여 자신의 정보를 남길 뿐만 아니라 도시 및 지역의 코로나 현황과 정보를 바로 받아볼 수 있는 QR코드이다. 코로나바이러스가 발생하자 바로 텐센트, 알리바바는 코로나 예방을 위한 모바일 서비스를 즉각 개발해 출시했다.

항저우를 예로 들면, 항저우로 가기 전에 알리페이에서 먼저 지엔캉마를 획득한다. 개인정보와 호적지, 출발지, 건강 상태 등을 입력하면 시스템에서 나의 위치 주위에 있는 코로나바이러스에 대한 위치 상태를 보여 준다. 역시 나에 관한 모든 빅데이터가 기록에 남게 된다. 이는 정부가 기업을 통해 사람들의 동선을 파악하고 데이터를 수집하는 데 도움이 되고 있다. 하지만 이러한 현상들은 어떤 의미에서 코로나 이후 중국이 빅데이터를 통한 더욱더 엄격한 감시 체계에 들어갔다고 할 수 있다.

중국 경제의 패러다임 변화

달라진 풍경은 이것뿐만 아니라 회사에서도 많은 변화를 볼 수 있다. 알리바바 산하의 스마트 이동 오피스 플랫폼인 딩딩(钉钉)은 많은 회사에 원격 근무 플랫폼 환경을 제공하고 있다. 일본 도쿄에 있는 COSMO 학원에서는 중국의 딩딩을 통해 학생들과 동영상

화면으로 수업을 진행한다. 학습의 풍경도 달라진 것이다. 딩딩과 쇼트클립 플랫폼 더우인(抖音, TikTok)을 통해 온라인 생방송 수업을 진행한다. 중국에서 휴교령이 내려졌을 때 5,000만 명이 넘는 학생들이 딩딩을 이용해 생방송 수업을 하였다.

　흥미로운 점은 코로나로 인해 중국에서도 많은 사람이 일자리를 잃은 것도 사실이지만, 위챗 서비스 제공 분야에서는 59만 7,000개의 새로운 일자리가 생겼다고 한다. 이러한 현상들은 우리에게 무엇을 말해 주고 있는 것일까? 바로 중국 사회, 경제 변화의 바람이 플랫폼은 근간으로 한 '디지털 혁신'을 향해 불고 있다는 것을 의미한다. 이미 라이브 경제, 인터넷 플러스 경제의 인프라가 단단한 중국이었기에 또 다른 수요의 일자리를 창출해 낼 수 있었던 것이다.

　몇 년 전부터 중국 경제의 패러다임은 제조업에서 서비스업으로 넘어갔다. 그러나 지금은 그 서비스업이 디지털 세상을 바탕으로 플랫폼 중심의 콘텐츠 및 서비스업으로 탈바꿈되고 있다. 특히 인공지능, 사물인터넷, 빅데이터와 같은 디지털 산업이 융합되어 더 큰 생태계를 만들어 내고 있다. 특히 이러한 어려운 불황기 속에 중국인들은 더욱더 온라인, 모바일 플랫폼 서비스에 의존하여 생활의 패턴을 바꾸어 갈 것으로 전망된다.

　우한(武汉)의 팡창병원에서는 무인 배송 로봇이 물건을 싣고 다닌다. 또한, 구이저우성(贵州省)의 한 아파트 단지에서도 징둥(京东)의 로봇이 무인 배송을 하고 다니는 모습이 포착되었다.

중국의 경제가 잠시 멈추었다고 하는 이 시기에 오히려 무인화 배송 플랫폼과 같은 디지털 사업들이 판을 치기 시작한 것이다. 많은 기업이 사람들과 컨택트하지 않고도 소통할 수 있는 비즈니스를 구상 중이다.

중국의 경제는 한국과 여전히 떼려야 뗄 수 없다. 2019년 한국의 대중 수출 의존도는 25.12%였다. 양국의 교역량은 2,434억 달러 (약 265조 원)*에 달하였다. 그렇다. 중국은 여전히 한국 최대의 무역 국가이다. 그러나 편안한 관계를 위해서는 적당한 거리를 유지해야 하는 법이다. 우리는 이제부터라도 중국으로 인한 충격을 최소화할 수 있는 대안을 가지고 있어야 한다.

이제는 이 패러다임을 바꾸어야 악영향을 최소화하고 자국 경제를 보호함과 동시에 서로가 윈-윈해야 하는 시대에 접어들고 있다. 아니 어쩌면 중국보다 한 발 더 빠르게 움직여야 할 때이다. 이는 우리가 디지털 플랫폼에 대해 알아야만 하는 또 다른 이유이자 앞으로의 생존을 위해 플랫폼 생태계 환경에 잘 적응해야 하는 조건이기도 하다.

플랫폼과 공생할 것인가? 아니면 기생할 것인가?

이러한 현상들을 종합해 보면 현재 중국 자국 내에서도 총성 없는 플랫폼 전투가 벌어지고 있다. 중국 내수 업체들 사이에도 경쟁

※ 1달러= 1,088원(2020년 12월 31일 환율) 적용

이 치열하다. 그러나 동선이 최대한 겹치지 않게 자신들만의 경쟁력을 강화하여 생태계를 확장해 나아가고 있다.

중국의 대표 플랫폼 기업으로는 우리가 잘 아는 BAT(바이두, 알리바바, 텐센트) + TMD(토우티아오, 메이투완, 디디추싱)가 있지 않은가. 이들 중국의 플랫폼 기업들은 현지 내수 시장의 규모를 확대하여 성장세를 달리고 있으며 혁신을 통한 서비스를 내놓고 있다. 바이두는 '인공지능 플러스(AI +)' 전략 모델을 도입하여 이동 인공지능 생태 환경을 조성하고 있다. 바이두 동영상, 바이두 음성, 스마트 샤오청쉬(API: Application Programming Interface, 小程序) 등 플랫폼 조성 사업을 확대하고 있다.

알리바바는 알리건강을 출시하여 병원 예약 서비스, 원격 의료, 의약품 전자상거래 사업 등 온라인 기반의 의료 플랫폼 서비스로 제공하고 있다. 텐센트는 자신들의 채팅 서비스인 위챗을 앞세워 생방송과 연결해 새로운 샤오청쉬(API) 동영상 플랫폼 서비스를 제공하는 데 진출했다.

토우티아오(头条)는 AI 기반, 메이투완(美团)은 배송 로봇, 디디추싱(滴滴出行)은 자율주행과 AI 기술을 도입하였다. 이들은 현지의 14억 규모 경제를 이용해 플랫폼을 규모화, 스마트화하고 있다.

글로벌 기업 시가총액 순위를 보면, 1~12위 기업 중 7개가 플랫폼 기업이다(아마존, 마이크로소프트, 애플, 구글, 페이스북, 알리바바, 텐센트, 2019년 기준). 대부분 미국 기업과 중국 기업이 그 자리를 차지하고 있다. 플랫폼의 대란은 중국에서 뿐만 아니라 전 세계적으로 일어나고 있다. 특히 플랫폼 산업의 출발지라 할 수 있는 미국의 경우를 보자.

  미국의 전통적인 대표 유통업체 월마트가 플랫폼 비즈니스에 착수하였다. 물류창고 로봇 자동화 플랫폼인 알파봇(Alphabot)을 출시하고 풀필먼트(fullfillment) 서비스를 제공하여 쇼핑 시간을 단축했다. 알파봇은 직원이 80개 물건을 수집할 때 800개 제품을 나를 수 있다고 한다. 따라서 직원들은 서비스에 더욱 집중할 수 있게 된다. 애플은 동영상 스트리밍 서비스인 애플TV 플러스(애플 OTT 서비스)를 선보이며 사업을 확장하였다. 디즈니 역시 OTT 서비스를 출시하며 서비스 개시 7주 만에 2,500만 명의 사용자를 확보하였다.

  수많은 골리앗이 플랫폼 경제의 우위를 대거 차지하고 있다. 그러나 골리앗만 있으란 법은 없다. 많은 플랫폼 비즈니스들이 트렌드를 타면서 짱돌을 가진 다윗들 역시 나타나고 있다는 사실을 피하지 않을 수 없다. 그러나 이들 다윗 기업들은 골리앗 기업에 인수되고 있다. 페이스북은 VR 게임 개발사 산자루게임즈(Sanzaru Games)를 인수했고 구글 역시 데이터 분석, BI(Business Intelligence) 플랫폼 기업 루커(Looker)를 인수하였다. 아마존은 온라인 약국 플랫폼인 필팩(Pillpack)을 10억 달러에 인수하였다. 또한, 자율주행 기술 개발 죽스(Zoox)를 인수하는 등 미국 기업들도 기술 확보를 위한 쟁탈전에 나서는 것을 볼 수 있다.

  마지막으로 이러한 플랫폼 기업들의 움직임을 보며 다음과 같은 생각이 들었다. 진정한 공생이란 과연 무엇일까? 플랫폼 생태계 안에 속해 살아가는 우리는 기생하고 있는가? 아니면 공생하고 있는가? 진정한 자유는 과연 허락되고 있는가?

플랫폼 경제에서 가장 모호한 것은 우리가 바로 공생하고 있는 것인지 아니면 기생하고 있는지에 대한 경계가 존재한다는 것이란 점을 깨달았다. 그러나 서로가 같이 상생하고 윈-윈하는 플랫폼 생태가 조성된다면 그보다 더 좋은 것은 없으리라 생각된다.

이 책은 중국의 하드웨어 측면보다는 소프트웨어 측면의 플랫폼에 대해 다루고 있다. 그 이유는 라이프스타일과 밀접히 관련된 사례들을 통해 플랫폼이 우리의 삶과 얼마나 연관되어 있는지 알아보고자 하였다. 중국의 교육, 소비, 의료 등 라이프스타일과 관련된 플랫폼 기업들의 전반적인 내용들을 담아 다양한 영역에서 중국 플랫폼 서비스와 콘텐츠들이 어떻게 흘러가고 있는지 엿볼 수 있다.

1부에서는 라이브 커머스, 물류, 동영상 스트리밍, 빅데이터 여행사의 이야기를 담았다. 2부에서는 신유통, B2B, 신선식품, O2O를 이야기하며 현재 중국 기업들의 움직임을 알 수 있도록 했다. 3부에서는 OTT 산업, 온라인 원격 교육, 엔터테인먼트 플랫폼을 통해 중국인들의 변화된 라이프스타일의 패턴을 알아보고자 하였다. 4부에서는 소셜/공구 커머스, 무인 상점 등과 관련된 플랫폼을 통해 향후 중국 기업들의 발전 방향을 읽을 수 있도록 기술하였다. 5부에서는 미국의 GAF 기업과 중국의 BAT 기업들의 동태를 통해 향후 이들 기업의 비즈니스 방향에 대해 예측할 수 있도록 하였고, 6부에서는 중국의 거시적인 디지털 전략 방향에 대해서 다루었으며, 7부에서는 코로나 이후 중국 경제 상황들의 위치가 어떻게 변하고 있는지 담아 보았다.

이 책은 향후 미래 비즈니스에 대해 호기심이 있는 사람들과 중국 사회, 경제에 대한 트렌드 전망을 알고 싶은 사람에게 전하고 싶다. 또한, 중국 관련 일을 하며 새로운 비즈니스 전략과 접근법을 고민하는 사람들에게도 책을 전하고 싶다. 더 나아가 중국의 플랫폼 경제, 디지털 경제를 통해 많은 이노베이션 전략과 인사이트를 얻어 갔으면 하는 바람이다.

윈스턴 처칠은 "좋은 위기를 낭비하지 말라!(Never waste a good crisis)"라고 강조했다. 한국 역시 위기에서 혁신적인 기회를 잡아야 할 때이다. 기회는 진정한 위기를 겪었을 때 새로이 빛을 발하는 법이다.

중국의 디지털 플랫폼 굴기(崛起)가 시작됐다

———

미국과 중국의 무역 전쟁은 ICT 전쟁으로 더 정확히 말하면 플랫폼 전쟁으로 이어졌다. 생태계 싸움이다. 처음부터 MS사가 틱톡(TikTok, 더우인)을 인수하겠다고 뛰어들었을 때 이는 큰 화제가 되었다. 트럼프 정부는 위챗과 틱톡을 국제 시장에서 제거하기 위한 퇴출 행정 명령을 실행했지만, 나중에는 누구든지 틱톡을 인수하라는 식의 태도를 보였다. MS, 트위터, 오라클, 월마트 등 미국을 대표하는 기업들이 너나 할 것 없이 민감한 인수 쟁탈전에 뛰어들었다. 이는 이른바 미국과 중국과의 데이터 전쟁이 시작되었다는 것을 암시하기도 한다.

데이터는 4차 산업혁명 시대의 석유 자원과도 같다. 특히 포스트 코로나 시대의 데이터를 확보한 기업과 국가는 최고의 자산을 가지게 되는 격인데 미국과 중국 간의 빅데이터를 자산으로 보유하고 있는 플랫폼 기업을 가지고 벌이는 냉전(cold war)이 점점 더 심화되고 있다. 이 냉전은 향후 중국의 테크 기업들이 미국 시장에 끊임없이 나스닥 상장을 하고 세계무대를 대상으로 영향력을 펼칠 때 더욱 심화될 것이라 본다. 플랫폼으로 중국의 사회주의 사상이 사람들, 국가에 주입될 것을 우려하여, 다시 말해 플랫폼을 통한 세계의 중국화를 막기 위해 미국은 이를 제재할 것이고, 세계 각국은 어쩌면 중국이란 큰 시장을 놓치기는 싫지만 반면 미국과 중국 사이에서 갈등하며 고민하는 모습들이 분명히 더욱 잦아질 것이다.

그렇다면 플랫폼은 우리 삶에 얼마나 영향을 미치고 있을까? 왜 점점 더 많은 기업은 플랫폼 전략을 도입하는 것일까? 질문하지 않을 수 없다.

이제 우리의 삶은 플랫폼이란 개념과 떼려야 뗄 수 없게 되었다. 플랫폼을 통해 일상은 좀 더 편해졌고 공간과 시간의 거리가 좁혀졌다. 한국에 있어도 미국과 중국의 블랙 프라이데이를 즐길 수 있게 되었고, 또한 미국 하버드, 스탠퍼드와 같은 유명 대학의 강의를 한국 내 방에서 편하게 볼 수 있게 되었다. 우리는 국가와 국가 간의 경계는 물론이고 시공간을 초월하는 삶을 살고 있다. 플랫폼을 통한 우리는 초연결 사회로 가고 있다. 우리의 일상에는 작고 큰 변혁들이 찾아오고 있다.

그렇다면 중국의 디지털 플랫폼의 대세는 어디까지이며, 어디까지와 있을까? 바이두는 자율주행 자동차 플랫폼 아폴로, DuerOS 음성 플랫폼, 인공지능 개방형 플랫폼, 인공지능 의료 플랫폼뿐만 아니라 수능 정보 서비스 플랫폼까지 만들어 선보였다. 중국에서 생겨나는 기업들은 더 이상 전통적 사고방식과 경영 방식들을 고수하고 있지 않았다. 대기업들은 빠른 속도로 다양화된 플랫폼 인프라 건설을 시작하고 있다. 이러한 조짐들을 통해서는 중국 정부가 디지털 생태계를 만든다는 것을 예측해 볼 수 있다. 현재 중국의 플랫폼 기업들은 정부와 기업의 합작품이라고 할 수 있다.

결국 플랫폼화된 기업들이 많이 생겨남으로써 중국 경제, 사회 속에서는 디지털 자원들끼리 서로 가치 핵심 상호작용(core interaction: 끌어오기, 촉진하기, 매칭하기) 하는 일들이 발생하고 있다. 알리바바, 텐센트, 바이두를 중심으로 효율과 공급이라는 명분의 양면 시장이 돌아가고 있으며, 사람들의 일상은 점점 이들 기업으로부터 누리는 콘텐츠와 서비스들이 다양화되고 있다.

어쩌면 BAT 기업은 처음부터 세계의 플랫폼화를 염두하여 기업의 발전을 단계적으로 준비해 나아갔을지 모른다. 중국의 플랫폼들은 자국 내에서만 활동하는 것 같이 보이지만 이들의 목표는 결국 세계화 통일임을 알아야 한다. 텐센트가 동남아 넷플릭스라 불리는 말레이시아의 OTT 업체 아이플릭스(Iflix)를 인수했다. 또한, 알리바바 역시 인도판 마켓컬리인 빅바스켓(BigBasket), 인도판 차이니아오(菜鸟)인 엑스프레스비스(XpressBees) 등 중국의 대형 플랫폼 기업들이 동남아 및 주변 국가 플랫폼 기업들에 적극적으로 투자하고 있는 상황이다.

오늘날 4차 산업혁명 시대가 도래하면서 '플랫폼'이란 용어가 점점 더 많이 쓰이고 있으며, 의미 또한 확장되고 있다. 앞에서 언급했듯이, 플랫폼은 공급자와 수요자 간의 가치 교환이 이루어지는 거점이자 교류의 장이다. 또한, 승강장의 뜻을 가지고 있는 플랫폼(Platform)은 자원의 균형적인 통합을 추구하며 서로가 상생하는 생태계를 이루는데 초점을 두고 있다. 이것이 이상적인 플랫폼의 모습이다. 플랫폼의 형태는 하드웨어, 소프트웨어, 공유경제 등 다양한 비즈니스 모델을 가지고 있다. 이를 기반으로 상품, 서비스, 기술 등이 구현되고 제공되는 생태계 속에 우리의 라이프스타일이 연결된다.

더욱 흥미로운 것은 이제는 기업만이 아닌 개인도 플랫폼이 될 수 있는 시대가 되었다. 바로 인플루언서(influencer) 시대가 왔기 때문이다. 중국의 경우, 왕홍(网红. 인터넷 스타)들이 마치 퍼스널 플랫폼이 되어 기업의 공급과 소비자들의 수요를 모두 만족시켜 주고 있기 때문이다. 중국은 자신들의 14억 내수를 바탕으로 왕홍과 MCN 플랫폼을 전 세계로 수출하고 있다.

플랫폼에는 여러 자원이 조화를 이루며 유기적으로 통합할 수 있도록 생태권을 형성하는 것이 필요하다. 생태권 안에 있는 많은 자원과 도구들이 환경에 적응하며 상생할 수 있는 최적의 공간을 만들어야 한다. 현재 중국의 기업들은 정부와 함께 그 공간을 확보하려고 하고 있다. 빅데이터, 클라우드, 소프트웨어 기술을 중심으로 말이다.

다시 한번 강조하자면 세계는 지금 플랫폼 전쟁 중에 있다. 그리고 그 중심에 있는 나라가 바로 중국이다. 중국에 플랫폼 레볼루션이 일어나고 있다. 다양한 산업의 경계를 허물고 산업의 자원들을 서로 융합시켰다. 교육, 의료, 미디어, 정부 등 다양한 영역에서는 혁신적인 서비스를 제공할 수 있게 되었으며 비즈니스의 전면적인 혁신을 도모할 수 있게 되었다.

중국의 훠궈 프랜차이즈로 유명한 하이디라오 회장 장융(张勇)은 이렇게 말했다. "나는 온라인 플랫폼 사고를 잘 이해하지는 못하지만, 이 시대에 반드시 필요하다고 생각합니다." 오프라인 식당을 운영하고 있는 음식점에도 불구하고 이들은 웨이보 마케팅과 바이두 마케팅을 시작했으며, O2O 비즈니스 모델을 도입했다. 그는 "온라인 플랫폼을 실천하지 않으면 살아남기 힘들겠지요."라고 말했다. 그렇다. 이제 기업들에 입장에서 플랫폼 비즈니스 모델은 전략적 차원이 아닌 필수 불가결한 비즈니스 모델이 되었다.

현재 중국에서는 정부 차원으로 산업과 기업을 육성하다 보니 플랫폼이란 간판을 단 수많은 기업이 나오고 있다. 온라인 플러스(互联网+) 정책과 중국인들의 모바일리티 라이프가 맞물리면서 플랫폼 산업은 성장할 수밖에 없다.

옛날에는 영토를 차지하기 위해 전쟁을 벌였다. 그렇다면 지금 4차 산업혁명 시대에는 과연 어떤 전쟁이 벌어지고 있을까? 핵심은 빅데이터, 인공지능, 사물인터넷, 인터넷 기술을 통한 플랫폼화이다. 전 세계적인 경제 구조 및 형태의 흐름이 플랫폼화되고 있다. 다시 말해 목적지까지 가기 위해 그 정거장을 거쳐야지만 원하는 것을 사고, 먹고, 입고 흔히 말해 의식주를 해결할 수 있는 생태 환경이 더욱 밀집하게 조성되고 있다.

그렇다면 플랫폼은 우리의 삶에 어느 정도나 침투되어 있을까? 간단한 예로 아침에 카카오톡을 열어 메시지를 확인하고 카카오 택시를 불러 회사에 출근하여 카카오 페이로 점심을 사먹는 행위는 매우 일상적이고 자연스러워졌다. 중국인들이 위챗 생태계를 통해서 모든 일상을 해결하는 것과 같은 장면이다.

그렇다. 2019년 12월 기준으로 전 세계 유니콘 기업 중 50% 이상은 플랫폼 기업이었다. 특히 중국의 경우 유니콘 기업 중 플랫폼 기업의 비중은 85%를 넘는다. 2040년에는 미국의 경우 플랫폼 기업의 비중이 반을 넘길 것이라는 예상이 나오고 있다. 이러한 흐름은 이제 중국이라는 나라에서 만들어 낸 공산주의 플랫폼과 미국이라는 나라에서 만들어 낸 자본주의 플랫폼 두 가지 근본적인 가치와 정신이 대립되는 존재들이 향후 전투를 벌일 수도 있다는 이야기이다.

앞으로는 두 개 유형의 기업만이 살아남게 될 것이다. 하나는 플랫폼화를 성공시킨 기업, 그리고 플랫폼화를 하지 못한 기업. 플랫폼화를 하지 못한 기업은 플랫폼 기업에서 제공하는 자원들을 돈 주고 사야 하는 상황에 직면하게 될 것이다.

플랫폼은 전자상거래와 모바일 인터넷 기술이 발달되면서 변화하기 시작했다. 모바일에 익숙해진 사람들의 니즈를 따라가기 위해 기업들은 플랫폼 서비스와 애플리케이션을 이제는 필수적으로 만들고 그 가상의 공간에서 소비와 서비스, 콘텐츠 향유가 일어날 수 있도록 설계하였다.

중국의 경우는 더욱 빨랐다고 볼 수 있다. 중국은 인터넷이 아닌 모바일 인터넷이 더 급격한 속도로 사람들의 삶에 침투되었기 때문에 플랫폼 서비스를 받아들이는 속도는 더욱 빨랐다고 볼 수 있다. 이러한 속도는 농촌 지역까지 빠르게 퍼져 나가고 있다. 2020년 6월 기준, 중국의 농촌 인터넷 사용자의 규모는 2.85억 명에 달하고 있다. 기업들은 모바일 인터넷 속도에 발맞추어 각종 서비스와 콘텐츠를 만들어 내었다. 수많은 유니콘 기업이 베이징의 중관춘, 선전의 창업단지 그리고 각 도시 지역마다 세워진 과학기술 창업단지에서 기술을 연구 개발하고 출시하는 움직임을 보였다.

한국도 국내에서 만든 자체 플랫폼을 만들어 내지 않으면 안된다. 우리도 세계에 진출할 수 있는 '메이드 인 코리아 플랫폼(Made in Korea Platform)'을 만들어 내야 한다. 이 플랫폼들을 중국처럼 미국 나스닥에 상장시키거나 동남아 진출을 하는 등 적극적으로 국외 네트워크까지 연결해야 한다. 이렇게 강조하는 이유는 중국의 플랫폼 자본이 모두 빼앗아갈 수 있는 위협이 늘 도사리고 있기 때문이다.

과거의 '메이드 인 차이나(Made in China)'가 아닌 '플랫폼 인 차이나(Platform in China)'가 우리의 데이터, 자본, 콘텐츠, 사람 등을 흡수할 수 있기 때문이다. 플랫폼은 국가와 국가 간의 경계를 허문다. 유입을 통해 자원과 자본 그리고 가치가 흘러가게 된다. 이제는 부득이하게도 플랫폼이라는 정거장에 탑승할 때에만 사람과 기업과 커뮤니케이션 할 수 있는 시대에 직면하게 되었다.

이 시대에 플랫폼 중심의 사유가 필요한 이유

———

애플의 팀 쿡(Tim Cook), 마이크로소프트의 사티아 나델라(Satya Nadella), 아마존의 제프 베조스(Jeff Bezos), 구글의 순다르 피차이(Sundar Pichai), 페이스북의 마크 저커버그(Mark Zuckerberg)의 공통점은 무엇일까?

바로 테크 헤게모니의 플랫폼을 장악했다는 점이다. 그리고 이들은 플랫폼 시스템을 중심으로 사유한다. 다시 말해 기술이 창출하는 네트워크 기반의 사고 체계를 기반으로 모든 비즈니스를 실행한다. 비단 이는 기업에게만 적용되는 것이 아니다. 플랫폼적 사유, 즉 앞으로 디지털 플랫폼적 사고는 현대인들 개개인에게 매우 필요하게 된다. '큐레이션-공유-통섭'하는 생각의 자세가 필요하게 된 것이다. 이 과정에서 창의성과 자율성이 일어나며 새로운 사고의 네트워크 효과가 일어난다.

그렇다면 중국이 말하는 플랫폼 중심의 사유는 무엇일까? 우선 플랫폼 중심의 사유는 '연결적이면서 통·융합형' 사고 체계 안에서 흘러간다. 나무를 보고 숲을 볼 줄 아는 능력이 필요하다. 또한, 숲에 있는 나무 하나하나를 관찰하는 태도 역시 필요하다. 즉 플랫폼 중심의 생각은 상호 연결된 개방적이며 혁신적인 사고를 바탕으로 한 네트워크 중심의 사고 체계라고 할 수 있다. 또 하나 중국 매체의 종합적인 의견을 덧붙이자면, 플랫폼 중심의 사고는 본질적으로 자원들이 상호작용하는 시장 메커니즘을 최대한 활용한 사고 체계라고 할 수 있다.

샤오미 회장 레이쥔(雷军, Lei Jun) 역시 온라인 플랫폼 사유에 대해 이렇게 해석하고 있다. "모바일 인터넷, 빅데이터, 클라우드 컴퓨팅 및 기타 기술의 지속적인 개발을 통해 시장, 사용자, 제품, 기업 가치사슬을 비롯한 전체 비즈니스 생태계를 다시 검토해 볼 수 있습니다."라고 말이다.

중국의 플랫폼 중심의 사유는 글로벌 시장을 대상으로 디지털 기술을 동반한 비즈니스 생태계를 설립하는 빅픽처(Big Picture)로부터 출발한다. 현재 중국에는 많은 플랫폼 기업이 생겨나고 있고, 지방정부 주도하에 적극적으로 도시 전체가 플랫폼 기업이 생겨날 수 있는 환경을 조성하고 있다. 경쟁은 더 치열해지고 있어 많은 플랫폼 생태권이 형성되고 있지만, 또 그만큼 생겼다 사라지는 실정이기도 하다.

2019년 시장가치가 10억 달러~100억 달러인 플랫폼 기업의 수는 2015년에 비해 108개 증가하였으며 시장가치 증가율은

151.9% 성장하였다. 이 중 18개의 플랫폼은 100억 달러 이상의 순위에 들었고 시장가치가 204.3% 증가하였다. 향후 중국에서 더 많은 유니콘, 데카콘 수준의 플랫폼이 나올 가능성과 잠재력이 매우 높다.

　결국 '플랫폼 시대가 온다'라는 말은 우리에게 큰 긴장감을 안겨준다. 우리 삶의 모든 방식이 어떠한 플랫폼, 즉 생태계권 안에서 이루어지게 되고, 우리는 그 환경에 자연스럽게 종속될 것이다. 물론 선택권과 자율성이 사용자에게 주어지겠지만 비즈니스 세계는 더욱더 경쟁이 치열하게 되고 그 합류에 끼지 못하는 회사들은 고민이 많아질 것이다.

　《플랫폼의 시대》의 저자 필 사이먼(Phil Simon)은 "플랫폼이 미래를 좌지우지하게 될 것이다."라며 플랫폼의 중요성을 강조했다. 그럼 어떻게 좌지우지할지는 기업과 우리 개인 손에 달려 있다. 플랫폼은 단순히 기술 혁명만이 아닌 혁신적인 사고(Innovative Thinking)로부터 출발한다.

미래 플랫폼에 지배당하지 않으려면 플랫폼을 만들어야 한다

────

초기 중국 플랫폼 시장은 전자상거래를 중심으로 성숙한 발전에 들어섰다. 또한, 모바일 인터넷 사용자의 수가 증가하면서 모바일 중심의 콘텐츠 플랫폼들이 생겨났다. 중국 인터넷 정보센터(CNNIC) 최신 보고서에 따르면, 2020년 3월 기준 중국 모바일 인터넷 사용자의 수는 약 9억 명 가까이 되었다. 중국 사람들은 텐센트, 알리바바, 바이두가 만들어 놓은 생태계 안에서 무던히 살아가다 보니, 중국의 산업 지형도는 점점 디지털 플랫폼으로 변화되었고 사람들의 일상 또한 플랫폼이란 열차에 탑승하지 않으면 생활이 불편한 지점까지 왔다.

다양한 형태의 서비스를 제공하는 플랫폼 시장이 생겨나면서 비즈니스 마케팅 방식도 진화되었다. 예를 들어 허마센성(盒马鲜生)의 출현은 신선한 식품과 안전에 대한 사람들의 시선을 끌었으며 이에 따라 중국의 신선식품 시장의 규모 또한 성장할 수 있는 계기가 되었다. 단지 시장의 잠재력만을 보여 주었던 퍼포먼스는 아니었다. 디지털과 오프라인의 융합이 새로운 채널과 소비에 대한 패러다임을 제시한 사업이었다.

과거 중국은 제조를 기반으로 CVC(China Value Chain) 모델 위에서 경제와 비즈니스를 추구하고 나아갔다면, 지금은 콘텐츠와 기술을 중심으로 PVC(Platform Value China)를 실행하고 있다. 중국 기업과 정부는 PVC를 기반으로 차이노발(China+Global: Chinobal. 중국의 세계 글로벌화)을 현실화하려고 한다. 그러므로 우리 또한 우리만의 생태계 체인을 만들어 기술과 서비스를 적극적으로 성장해 나아갈 필요가 있다는 것을 말해주고 있다.

공유경제, 블록체인, 스마트 페이, 소셜 네트워크 산업계가 성장하면서 중국의 사업가들은 더욱더 플랫폼 사업에 뛰어들었다. 정부에서 창의 혁신의 드라이브를 거는 것도 많은 사업가와 기업들이 나올 수 있는 하나의 바탕이 되었다. 플랫폼 사업은 정부가 기업이 성장할 수 있는 유연한 법과 제도를 지원해 주어야 국가를 대표하는 진정한 대표선수들이 나올 수 있기 때문이다. 중국은 큰 시장이다. 14억 인구의 자원을 활용할 수 있는 플랫폼 하나를 잘 만든다면 기대할 수 있는 이익과 가치는 그 이상이다.

우리 역시 우리가 어떤 민족인지 보여 주는 플랫폼 사업의 활성화가 필요할 것이다. 중국에 도태되지 않으려면 바로 이 플랫폼 전쟁에서 살아남아야 한다. 중국을 잘 활용하려면 또 대륙이 만들어 놓은 플랫폼이라는 호랑이 등에 올라타야 한다. 물론 선택은 우리의 몫이지만 지금이 기회일 수 있다.

중국에서 열렸던 제2회 인터넷 대회에서 시진핑은 중국을 글로벌 인터넷 시스템을 갖춘 나라로 변혁시킬 것이라고 말했다. 중국 정부가 창조 혁신에 드라이브를 걸고 있다는 것은 대부분 알고 있을 것이다. 그럼 그들이 주장하는 속내는 무엇일까? 인터넷 시스템을 갖춘다는 것은 무엇을 의미할까?

그것은 바로 '네트워크 운명 공동체'를 만드는 것이다. 네트워크 공동체는 사람과 사람 간의 끈끈한 유대감을 형성시킨다. 또한, 자원 협력 교류의 장을 자연스레 열 수 있도록 영향을 미친다. 중국의 플랫폼은 인터넷과 4차 산업혁명 기술이 깔아 놓은 인프라 위에 새로운 일대일로를 건설하는 것이다. 앞으로 우리의 선택과는 상관없이 어딘가 플랫폼이 정해 놓은 네트워크 공동체에 운명을 함께하고 있을 것이다.

연합 · 연맹 정신의 플랫폼 공동체

———

지금 세계는 플랫폼을 매개체로 하여 하나의 문화권을 형성하고 있다. 틱톡을 통해 각국 사람들이 자기만의 퍼포먼스를 보여주었던 것처럼 말이다. 또한, 유튜브를 통해 각자 목소리를 내는 것도 문화를 만들어 가는 과정이다. 플랫폼은 흩어진 자원들을 결합시키는 능력을 가지고 있다. 중국의 플랫폼 대기업들은 산업을 넘나들고 다양한 영역에 투자하고 있다.

중국의 상황을 잠시 들여다보자. 알리바바그룹은 호텔에 도전했다. 페이주(飞猪·Fliggy)라는 온라인 여행 서비스 플랫폼을 출시하였다. 1980년대~90년대 출생한 젊은 층들을 겨냥하여 호텔 연합 공동체를 만든 것이다. 현재 페이주 플랫폼에는 300여 개 도시의 1만 5,000개의 호텔이 등록되어 있다. 텐센트는 의료보험 서비스인 수이디(水滴)에 투자를 하였다. 수이디의 열풍으로 80개 이상의 보험을 판매하는 온라인 건강 상호 플랫폼인 수이디후주(水滴互助)라는 서비스까지 출자하였다. 텐센트는 계속해서 이러한 연결점을 이용해 산업의 경계를 허물고 새로운 영역에 도전적인 승부수를 걸었다.

이렇게 중국의 슈퍼 플랫폼이라 불리는 기업들의 움직임이 빨라지고 있다. 아주 용감하게 새로운 땅을 개척하고 차지한다. 그리고 그 뒤에는 이들처럼 슈퍼 플랫폼을 꿈꾸는 많은 스타트업이 생겨나고 있다. 창업 독려를 통해 많은 IT 민영기업이 생겨난다. 중국이 자신들의 내수 경제에 자신 있어 하는 이유이다. 마윈이 알리바바를 성공적으로 건설해 놓은 그의 신화처럼, 아직 중국에는 많은 젊은이가 '우리도 할 수 있다'라는 자신감을 가지고 있다.

원격, 물류, 여행

01

타오바오 즈보어(淘宝直播)

왜 모바일 라이브 커머스 전성시대인가?

———

미국의 소셜 네트워크 서비스(SNS) 플랫폼 기업들이 이커머스 (e-Commerce. 전자상거래) 방향으로 사업을 확장하고 있다. 페이스북 은 '페이스북 샵스'를 열어 소셜 네트워크에서 바로 쇼핑을 할 수 있도록 하였다. 샵스는 페이스북 메신저, 인스타그램 다이렉트 메 시지 기능을 추가하여 소통의 범위를 넓혔다. 유튜브 역시 이커머 스를 준비하고 있다. 바로 유튜브 동영상 하단에 설치된 쇼핑하기 '쇼핑 익스텐션' 서비스이다. 미국 기업은 마치 중국으로부터 도 태되지 않고 겨루기라도 한 듯 오히려 'copy from china'를 실현하 고 있다. 중국은 근본적인 아이디어를 미국으로부터 가지고 오기 도 했지만 기술을 상용화하여 완벽한 비즈니스 수익 모델을 만드 는데 뛰어나기 때문에 오히려 지금은 타국에서 중국의 이러한 모 델들을 참고하는 경우가 많이 늘어나고 있다.

이커머스 분야만 보더라도 중국이 미국을 능가하고 있다. 미국의 조사기관 업체인 포레스터(Forrester)에서 발표한 데이터에 따르면, 2022년 중국의 이커머스 시장은 미국의 7,130억 달러(약 776조 원)의 2.5배인 1조 8,000억 달러(약 1,958조 원)에 달할 것이라 전망하고 있다.

특히 이제는 이커머스에서 한층 더 업그레이드된 생방송 중심의 라이브 커머스 전성시대이다. 중국에서는 한 달에 1,000개 이상의 라이브 커머스 관련 플랫폼이 생겨났을 정도로 라이브 플러스(直播+) 경제의 속도가 매우 빠르게 진전되고 있다. 2020년 9,610억 위안(약 160조 6,900억 원)*까지 성장할 것으로 예측하고 있다. 사실상 2016년 출범한 중국의 라이브 커머스 시장은 2019년부터 폭발적인 성장세를 보였다. 또한, 코로나로 인한 언택트 시장의 부상으로 인해 온라인 및 모바일을 통한 수요가 증가하는 것을 볼 수 있다.

중국의 모바일 쇼핑 4.0 시대

타오바오 즈보어(타오바오 생방송)는 2016년에 중국 최초로 라이브 커머스 시장을 열고 출범하였다. 시범 운영했을 당시 1,000만 명이 넘는 유저들이 라이브 콘텐츠를 시청하였다. 현재 유저들의 절반 이상이 90허우(九零后, 90년대 출생자)들이며 여성이 80%를 차지하

※ 1위안= 167.21원(2020년 12월 31일 환율) 적용

01. 원격, 물류, 여행

고 있다. 현실감을 전달하고 즉각적인 구매 소통 방법인 실시간 쇼핑 경험이 젊은이들에게 호응을 얻은 것이다. 또한, Z세대들은 영상을 보고 쇼핑을 구매하는 경향이 있어 앞으로 타오바오 즈보어의 성장은 무궁무진하다고 할 수 있다.

대표적으로 유명 왕홍 웨이야(微娅)는 타오바오 생방송에서 플랫폼의 효과를 제대로 발휘하였다. 그녀는 하루 만에 180억 원가량의 한국 제품을 판매하는 등 생방송의 진가를 보여 주었다. 웨이야는 패션, 뷰티 영역을 뛰어넘어 자동차까지 판매하는 역량을 보여 주었는데 중국 자동차 브랜드 둥펑(东风) 자동차를 7분 만에 1,700대나 판매하였다. 또한, 600만 마리의 가재와 50만 개의 오렌지를 5초 만에 매진시키는 기록을 세우기도 했다. 웨이야의 이야기는 중국 왕홍의 위력과 타오바오 즈보어의 인프라가 결합하여 성공한 케이스라고 볼 수 있다.

2019년 기준 타오바오 즈보어에서 창출된 거래액 규모는 2,000억 위안(약 33조 4,400억 원)에 달하였으며, 2020년에는 5,000억 위안(약 83조 6,000억 원)을 목표로 두고 있다. 또한, 즈보어에서 가장 중요한 것이 왕홍 및 방송 인력과의 협력인데, 이미 1,000개의 MCN 기구들과 협력하고 있으며 400만 개의 일자리를 창출한 바 있다.

특히 농촌의 일자리를 만드는 데 일조를 하였다고 볼 수 있다. 중국 지방정부 현(县)의 서기가 사과와 농산물을 판매 홍보하는 것은 더 이상 신기한 일은 아니다. 이러한 흐름에 따라 신농민이 생겨나고 있다. 농산따이(农三代, 농민 3세대)들은 이제 더 이상 도시로

나가 노동을 하지 않고도 고향에서 먹고 살 수 있는 인프라가 생겼다고 볼 수 있다. 그래서 타오바오 즈보어는 농촌에 거주하는 사람들이 가장 일하고 싶어 하는 곳이 되었다. 어떤 젊은이들은 일부로 고향으로 귀향하여 농산품 라이브 방송을 통해 먹거리 사업을 하기도 한다.

따라서 즈보어 플러스는 많은 서비스 기업을 파생시키고 취업난으로 고생을 겪는 취준생들과 학교들에 더할 나위 없는 온라인 일자리를 제공하였다고 할 수 있다. 타오바오 즈보어의 형태는 현재 3.0 시대를 맞이하고 있으며, 3.0 시대에는 과거 라이브 방송실에서 방송하던 모습과는 달리 현장 위주의 생방송으로 진행 및 발전되고 있다. 코로나 이후 지금 중국은 전 국민 라이브 방송 시대를 생활화하고 있다.

라이브 플러스 경제

———

지방정부 역시 라이브 커머스 시장에 뛰어들고 있다. 3월 광저우시는 〈광저우시 라이브 커머스 발전 행동 방안 2020-2022년〉을 발표하여 MCN 업체를 육성함과 동시에 왕홍, 이커머스 산업의 발전을 더욱 강화시키겠다고 밝혔다. 100개의 영향력 있는 MCN 기구, 1,000개가 넘는 왕홍 브랜드를 육성하겠다는 것으로 광저우를 라이브 이커머스의 도시로 변모하겠다는 의지를 보였다.

타오바오 즈보어 생방송

광저우의 풍경이 달라졌다. 광저우 도매시장의 젊은 사장들은 너나 할 것 없이 스마트폰을 켜고 생방송 촬영을 하고 있다. "고객님들, 여기 보세요. 이 옷의 촉감은… 사이즈는…" 하며 자신들이 옷을 입어 보기도 하며 옷의 촉감을 카메라를 통해 자세히 보여주는 등 제품을 홍보한다. 약 670개나 되는 도매시장에서는 이미 타오바오 생방송을 도입하여 장사를 하고 있다. 상하이도 질 수 없다. 상하이는 관광 유명 명소인 예원을 배경으로 지역 경제를 활성화시키고 있는 중이다. 중국은 각 지방 지역별로 라이브 이커머스를 동원해 지역 경제 살리기에 앞장서고 있다.

5G 시대에 생방송의 기술은 더욱 노련해질 것이고 사람들은 생방송을 통한 구매, 경험에 더 익숙해지게 될 것이다. 이는 앞으로 경쟁이 치열해지며 더욱 혁신적이며 차별적인 라이브 이커머스 비즈니스 및 수익 모델이 만들어 져야 하는 것을 시사하고 있다.

그렇다면 생방송 플랫폼에서 가장 중요한 요소는 무엇일까? 중국에서는 생방송 플랫폼에 중요한 작용을 사람, 물건, 장면으로 꼽고 있다. 사람은 과거 왕홍과 같은 인플루언서들이 막강한 영향력을 발휘하였지만 최근에는 브랜드 CEO들이 나서는 트렌드로 가고 있다. CEO들이 방송에 나서면서 제품에 대한 신뢰와 호소력을 더 높일 수 있었다. 618 행사에서도 6,000명이 넘는 CEO들이 참여하였다. 지금 중국은 CEO들 마저 왕홍이 되어 생방송 마케팅을 하는 톡톡한 효과를 누리고 있다.

물건은 혜택과 서비스가 있는 제품을 가리킨다. 독특하고 개성 있는 제품일 뿐만 아니라 한정 구매가 걸려 있는 높은 가치성을 지닌 제품이다. 장면은 방송 장소를 가리킨다. 예를 들어 제품의 생산 공장이 될 수도 있겠고 자체 매장이 될 수도 있다. 장다이(张大奕)와 같은 유명 왕홍들은 자체 공장을 방문하여 옷이 생산되는 현장을 직접 라이브로 보여 주며 사람들의 신뢰를 얻는 소통 방식을 구현하고 있다.

타오바오 라이브 커머스가 성공한 비결

———

라이브 커머스의 본질은 전자상거래임을 기억해야 한다. 타오바오 즈보어가 처음 나왔을 때 사람들은 재밌고, 실감 나는 소비형 플랫폼 성격에 반응하였다. 타오바오 즈보어는 스스로 자신들은 유입량으로 라이브 이커머스 사업을 하는 것이 아니라고 말한다. 흔히 우리는 사람들의 유입이 많아야지 생방송을 보고 그것이 구매로 이어진다고 생각한다. 하지만 이들은 아니라고 주장한다.

티몰과 타오바오 전자상거래를 중심으로 라이브 기능과 인플루언서의 임파워먼트가 합쳐진 요소로부터 라이브 이커머스의 능력을 발휘될 수 있었다고 한다. 타오바오 즈보어 관계자는 기존의 견고한 전자상거래 인프라 힘이 자신들의 성공 비결이라고 말했다. 이커머스의 기본적인 쇼핑 인프라와 단단한 사용 설계가 바탕이 되었다는 것이다.

2019년 기준, 타오바오 즈보어 누적 사용자 수는 4억 명에 달하였다. 라이브 생방송 중 상품 보기 클릭률은 60%에 달한다. 이는 자연스레 구매로 이어진다.

중국의 라이브 이커머스 시장은 연예인들이 대거 참여하고 있다. 한국에서도 많이 알려진 중국의 유명 여자 연예인 안젤라베이비, 구리나자(古力娜扎)도 타오바오 즈보어에 참여했다. 셀럽들을 생방송에 투입하는 이유는 이들을 통해 유통 채널에 대한 확실한 주도권을 잡기 위해서이다.

3만 개의 공장 역시 생방송을 열었으며 심지어 2,000개가 넘는 법원까지도 타오바오 즈보어를 통해 안건 집행을 생방송을 한다. 이렇게 생방송의 영역은 점점 다양해지고 있다. 최근에는 라이브 커머스에서 농산품 판매가 필수가 되었다. 농산에서 직접 생산한 신선 먹거리에 대한 수요가 늘고 있기 때문이다. 보고서에 따르면, 농산품 관련 생방송은 140만 건에 달하였고 전국 31개 성 2,000개 이상의 현에서 진행되었다. 이로써 6만여 명의 신농민이 생겨났다.

중국 최대의 쇼핑 행사인 618 페스티벌에서 역시 13개의 생방송의 누적 거래액의 규모는 억 위안대를 돌파했고 다양한 업계가 참여함으로써 생방송 생태계의 역할이 더욱 풍부해졌다는 것을 암시해 주는 계기가 되었다. 618 행사 때, 모 방송에서는 1시간 30분 만에 20억 위안(약 3,340억 원)의 거래액을 돌파했다. 베이징시 소비자 협회 보고서에 따르면, 60% 이상의 소비자들이 타오바오 생방송을 통해 제품을 구매한다고 밝혔다. 중국 소비자들은 IT 기술이 결합된 쇼핑 라이프 스타일에 점점 더 익숙해지고 있다. 타오바오 생방송은 플랫폼에 즈보어따이훠(直播带货: 인터넷 플랫폼을 통해 실시간으로 이루어지는 생방송 거래 방식) 거래 방식을 도입한 이후 2,000억 위안(약 33조 4,400억 원)의 거래액이 증가하였다. 초창기부터 지금까지 150% 이상을 성장해 왔으며 판매자들과 팔로워들의 인터랙티브 지수는 더욱 강화되었다.

라이브 커머스로 인한 일자리 창출

중국의 기업들은 현재 라이브 이커머스를 하나의 광고 및 마케팅의 방식으로 활용하고 있다. 코로나 이후 설문조사 결과, 82.4%의 광고주들이 마케팅의 디지털 전환은 반드시 업그레이드가 필요하다고 밝혔다. 마케팅 디지털 전환이라고 한다면 라이브 이커머스도 포함되어 어떻게 하면 더 효율적인 제품/콘텐츠 마케팅을 할 수 있을지가 기업에 큰 과제가 되었다.

타오바오 생방송 때문에 400만 개의 일자리가 창출되었고 인공지능 트렌드 예측가, 생방송 제품 선별사 등 100종의 다양한 직업들이 생겨났다고 한다. 현재 중국에는 4,000개가 넘는 오프라인 매장들이 생방송을 하고 있는 것으로 알려졌다. 오프라인에서 온라인 생방송 중심은 필수가 되었고, 둘의 결합은 더욱 빠른 네트워크 효과를 발산시켰다.

한국에서도 많은 오프라인 매장과 산업들이 어려움을 겪으며 라이브 이커머스 플랫폼들과 협력하여 선을 이루고 있다. 국내에도 몇 기업들이 생겨났다. 그립(Grip), 네이버에서 운영하는 셀렉티브, 롯데에서 운영하는 100Live, 스타일쉐어의 스쉐라이브 등이 있다. 정부도 중소벤처기업부에서 '가치삽시다'라는 라이브 이커머스 플랫폼을 출시하여 소상공인과 중소기업들에 힘이 되어 주고 있다. 국내도 중국 못지않은 라이브 커머스 열풍이 불고 있다. 하지만 중국이 더욱 앞서고 있다는 점에서 중국의 라이브 커머스 기초 인프라와 우리나라의 제품 경쟁력이 합쳐진다면 더 좋은 시너지 효과를 나타낼 수 있지 않을까 생각된다.

차이니아오(菜鸟)

아시아 최대 스마트 물류 거점을 넘보다

———

과거 전통적인 물류회사는 주문이 들어오면 목적지까지 배송만 잘해 주면 되는 시스템이었다. 우리 입장에서 택배회사는 그저 배송만 해주는 물류회사란 인식이 강했다. 그러나 이제 물류회사는 수많은 고객의 빅데이터를 컨트롤할 수 있는 위치까지 올라왔다. 중국은 이러한 사고를 뛰어넘어 우리나라보다 빠른 속도로 물류에 모바일 인터넷과 빅데이터 기술을 물류 플랫폼과 연결시켰다. 또한, 창고에서는 사람이 아닌 로봇이 물건을 나른다. 이를 우리는 일반적으로 스마트 물류라고 부른다.

2019년 중국 스마트 물류 시장 거래액 규모는 4,872억 위안(약 81조 4,600억 원)에 달하였다. 전년 대비 19.55% 증가한 수치이다. 택배회사들은 위챗과 연동된 스몰 애플리케이션(API: Application Program Interface)을 만들어 무인 물류함과 연결해 택배를 수거할 수 있는 시스템을 만들었다. 사람들이 택배를 받는 환경은 더욱 편해졌고 언택트 문화가 확산되면서 무인 택배함의 인기와 중요성은 늘어가고 있다.

결론적으로 중국의 택배회사들은 더 이상 단순히 물류를 배송하는 것이 아닌 빅데이터를 모으는 물류 플랫폼 기업이 되었다. 참고로 우리나라 CJ 대한통운도 택배를 통한 빅데이터를 수집해 시대에 대한 인사이트를 얻고 있다. 필자 역시 중국에 있을 때 위챗을 통해 택배를 확인하고 펑차오(蜂巢) 무인 택배함에서 택배를 가져갔다. 이는 나만이 누리는 특별함이 아닌 14억 인구의 중국인들의 일상이라고 할 수 있다. 펑챠오 택배함은 중국 무인 택배함 시장의 70~80%를 점유하고 있다.

디지털 플러스 물류, 차이니아오

―――

알리바바는 물류회사를 운영하고 있다. 바로 기업가치가 1,300억 위안(약 21조 7,400억 원)인 차이니아오(菜鸟)이다. 그러나 차이니아오는 단순 물류회사가 아니다. 그들은 자신을 '인터넷 과학기술 회사'라고 부르고 있다. 스스로를 바로 빅데이터 기반의 스마트 물류회사라고 불러 달라고 한다. 그들은 왜 자신들의 포지셔닝을 단순한 택배 물류 기업이 아닌 인터넷 과학기술로 정의를 내렸을까?

그것은 바로 인공지능, 빅데이터 기술을 활용해 전 세계적인 스마트 물류 네트워크를 구축하는 데 목적을 두고 있기 때문이다.

차이니아오는 일일 택배 처리 물량 건수가 1,000만 건을 넘어섰다. 2022년까지 1,000억 위안(약 16조 7.200억 원)을 투자하여 중국 내 24시간, 전 세계 72시간의 배송 목표를 두고 있다. 중국 규모 정도의 택배량을 처리하려면 빅데이터와 로봇이 손수 스마트하게 물류를 처리해 줄 수 있는 시스템이 반드시 필요하다.

차이니아오는 2018년 중국 최대 로봇 물류 창고를 열었다. 700개의 로봇이 창고에서 물건을 나르며 움직인다. 차이니아오는 더 나아가 사물인터넷 물류 플랫폼을 건설했다. 이는 디지털 기술, 인공지능, 사물인터넷을 통하여 물류 IoT 개방형 플랫폼을 열겠다는 뜻이다. 이 기술들을 기반으로 창고 관리, 물류 배송이 이루어진다. 창고의 경우, 로봇을 통해 창고 관리를 업그레이드하고, 인공지능 기술로 상품 재고 관리를 한다. 그뿐만 아니라 물류 클라우드를 운영하고 있어 사람, 자동차, 물건, 장면을 중심으로 물류 업계의 전체적인 효율을 올릴 수 있다.

차이니아오는 중국 내에서 화물 운송을 24시간 이내에 배송할 수 있는 네트워크를 만들어 5% 이하의 물류 비용을 실현하겠다고 했다. 그뿐만 아니라 일대일로를 따라 전 세계적으로 72시간 만에 물류 배송을 실현하겠다고 나섰다. 비록 일대일로를 따라 물류 통일을 하겠다는 현실은 아직 불투명한 미지수로 남긴 하지만 아시아에서 가장 큰 스마트 물류 허브를 만들 가능성은 높아 보인다. 차이니아오는 바이스그룹(百世集团)과 함께 말레이시아까지 통하는 물류 공급망 노선을 개통하였다. 말레이시아뿐만이 아닌 싱가포르 국민에게도 국제 배송을 할 수 있는 기회를 확보했다. 그들이 자신들의 인터넷 기술을 활용하여 전면적인 개방, 투명, 공유의 데이터 응용 플랫폼을 건설하고 있다.

더 나아가 차이니아오는 중국 최대 쇼핑몰 광군제(光棍节. 11월 11일)에는 인공지능을 이용해 물류 발송 능력을 60% 올릴 것이라 적극적인 태도를 보였다. 2018년 기준 차이니아오의 광군제 당일 물류 접수 주문량은 10억 건을 넘어섰었다. 14억 인구의 중국판 블랙프라이데이를 완벽히 성사시키려면 쇼핑 – 지불/결제를 통제할 수 있는 클라우드 시스템과 소비자가 물건을 잘 받을 수 있는 물류 시스템이 잘 뒷받침되어야 한다. 그 환경을 만들기 위해서 중국은 국내 물류 시스템을 끊임없이 발전시켜야 한다. 그래서 나머지 인프라가 깔리지 않는 농촌 지역을 중심으로 이커머스와 물류를 구축하려고 징둥, 알리바바와 같은 대형 기업들이 달려들고 있으며 이러한 국내 배송뿐만이 아닌 국제 배송까지 빠르게 가능한 물류 네트워크 인프라를 설치하는 것이 매우 중요해졌다.

중국의 택배 물류 시장은 우선 농촌까지 중국 전역을 장악하고 그리고 스마트 물류 허브를 만들어 세계를 장악하는 것이다. 중국의 물자와 세계의 물자가 중국이란 물류 허브 거점을 통해서 마치 일대일로처럼 나아가는 것이 희망 사항이다. 그리고 알리바바 차이니아오를 통해 이를 실현할 수 있도록 정부는 기업에 드라이브를 걸고 있다고 볼 수 있다.

차이니아오는 플랫폼형 서비스를 출시했다. 바로 차이니아오궈궈(菜鸟裹裹)이다. 차이니아오궈궈는 2015년 시작된 온라인 배송 서비스 플랫폼이다. 차이니아오궈궈 플랫폼은 물건을 보내거나 배송 추적을 할 수 있는 서비스로 사용자는 1억 명에 달한다. 사용자 절반 이상이 1980~90년대에 출생한 젊은이들이다. 대부분이 여성으로 64%를 차지하고 있다. 현재 차이니아오궈궈는 중국 전역 300개 도시, 2,800개 현에 보급되어 있고 택배원을 부르면 평균 2시간 이내에 방문한다. 1선 도시 베이상광선(北上广深, 베이징, 상하이, 광둥, 선전)에도 빠르게 보급되고 있다.

한 개의 차이니아오궈궈는 마치 100만 명 배달원이 움직이는 것과 같다고 비유한 이야기도 있다. 차이니아오궈궈는 단순 물류 배송 추적 애플리케이션 개념을 떠나 디지털 방식을 통한 신세대 라

01. 원격, 물류, 여행

이프스타일로 조명되고 있다. 스마트폰 클릭 하나만을 통해 쉽게 택배를 부칠 수 있다는 점이 젊은이들의 이목을 끌었다. 타 플랫폼 배송까지 추적 가능하여 타오바오, 티몰, 징동, 수닝 등 다른 전자상거래 배송 히스토리도 자동으로 뒤쫓는다.

2019년 발생했던 중국 635억 건의 택배 물류 중, 85%가 전자상거래에서 나오며 그중 대부분이 타오바오와 티몰에서 나왔다. 타오바오와 티몰 전자상거래로부터 차이니아오는 데이터를 얻게 된다. 차이니아오귀귀는 순펑택배, 위엔통택배, 중통택배 등 중국 내 최대 유명 택배회사와 손을 붙잡고 택배 물류의 디지털화를 꿈꾼다. 일일 평균 40만 택배를 애플리케이션으로 처리할 수 있는 능력을 포함하고 있어 택배계의 라이징 스타로 떠오르고 있다. 이미 디지털화 운영, 컨트롤, 관리할 수 있는 작업 시스템을 만들어 놓아 국제 물류 시스템까지 갖추어 놓았다.

네트워크 건설을 통해 고객에게 더 가까이 가다

———

그럼 그들이 말하는 스마트 물류는 무엇일까? 어떤 자원들이 연결되어 생태계를 이루고 있을까?

먼저, 차이니아오는 스마트 물류에 있어 망(网)을 발견하라고 강조한다. 망은 네트워크를 가리키며 망과 망이 만나 서로 연결되는 지점에서 새로운 네트워크 효과가 발산된다. 이들은 1,000억 위안 (약 16조 7,200억 원)을 투자하여 홍콩에 물류센터 합작 법인을 세우려고 추진하였었다. 또한, 제품 스마트화, 고객, 비즈니스맨, 소비자들에게 직접적으로 상품이 어디까지 배송되고 있는지 추적할 수 있는 시스템을 구축했다. 왜 그럴까?

차이니아오는 스마트 물류 구간에서 기초 인프라 건설에 힘쓰고 있기 때문이다. 전통적 기초 건설을 스마트화, 상품화, 과학기술화하는 것이다. 신유통(新零售, 온라인과 오프라인 결합의 혁신)과 신제조(新制造, 스마트 제조)를 방향으로 지정하여 기반을 형성하도록 한다.

다음으로는 임파워먼트 정신에 힘썼다고 할 수 있다. 알리바바와 차이니아오 데이터 기술 능력은 서로 시너지 효과를 발휘하였다. 이는 역시 신물류, 신유통의 품질을 올리는 데 도움을 주었다. 알리바바의 클라우드 사업 알리윈과 협력하여 물류 차이니아오를 디지털 스마트화의 생태계로 구축하겠다는 것이다.

그렇다. 어떻게 하면 생태계 전체에서 물류의 만족과 이를 통한 국내 및 세계의 물류 인프라를 세울수 있을까? 이것이 차이니아오가 해결하고 싶은 고민이다. 한때 차이니아오는 1,000억 원대 이상을 투자하여 "스마트 물류 백본(backbone network, 중추망)"을 만든다고 했다. 기술과 데이터로 전 세계를 연결하는 것이 이들이 가고자 하는 비전이다. 차이니아오는 백본 프로젝트(Backbone Project)를 통해 특급 배송, 창고 유통, 도시와 농촌 간의 연결, 즉석 배송과 같은 채널 건설에 투자를 하였다.

백본 차이나 네트워크(Backbone China Network)

———

차이니아오 CFO 류정(刘政)은 차이니아오를 통해 세계 속 중국 물류회사의 가치를 높이겠다고 밝혔다. 미국 물류회사의 경우 시가총액이 4,754억 달러(약 517조 원)에 달하는 반면 중국은 928억 달러(약 101조 원)에 그치고 있기 때문이다. 그의 말에 따르면, 규모와 효율을 올려 선진국 궤도에 도달하는 것이다.

차이니아오가 더욱 커질 가능성은 충분히 있다. 그 이유는 차이니아오 배후에 알리바바가 투자하고 있다는 점을 주목할 수 있다. 알리바바는 차이니아오에 233억 위안(약 3조 9,200억 원)을 재투자하였다. 이 투자금액은 한화 3조 원으로 매우 큰 규모이다. 알리바바는 차이니아오를 통해서 국제적인 물류센터를 세우게 될 가능성이 높다.

2019년 중국 전역에 배송된 물류의 수는 600억 건에 달하였는데 평균 받는 기간은 3일이 소요되었다. 앞에서 언급했듯이 앞으로는 하루 만에 받을 수 있는 것을 목표로 하고 있다. 더 나아가 차이니아오는 사물인터넷 스마트 물류 개방형 플랫폼으로서 '물과 물고기의 관계'를 만든다는 것이다. 즉 공기와 사람의 관계처럼 차이니아오의 물류 플랫폼이 사람들에게 필수가 되게 만드는 것이 목표다. 효율을 올리고 생태계를 더 번영시키는 것이다. 차이니아오는 소비자들에게 '빠르고, 정확하고, 절약하는' 3가지 요소를 만족시

키도록 할 것이다. 알리바바의 CEO 장융은 "미래 물류는 디지털
화에서 스마트 디지털화로 변화될 것이다."라고 말하며 향후 중국
의 택배 + 디지털 플랫폼이 어떻게 나오게 될지에 대한 기대를 비
추었다. 더불어 마윈은 플랫폼을 통해 국제 물류와 무역을 한 단
계 업그레이드시킨다고 밝힌 적이 있다. 대표적인 것이 바로 그가
2016년 처음 언급했던 전자 세계 무역 플랫폼(eWTP)이다. eWTP 플
랫폼은 현재 베이징, 항저우, 아프리카 르완다, 벨기에에 기지를
두고 있다. 이 플랫폼이 단순히 물류 창고가 가지고 있는 개념을
뛰어넘어 전 세계적으로 중국의 물자가 퍼져 나가는 것을 뜻한다.
또한, 물류, 통관, 무역, 금융 등 전체적인 공급 시스템과 비즈니스
서비스를 결합하는 데 비전을 두고 있다. 중국이 국제 물류 패권을
잡고자 하는 움직임을 포착할 수 있다.

지금 차이니아오를 통해 메이드 인 차이나가 전 세계로 뻗
어 나가고 있다. 그리고 만약 차이니아오가 아마존과 같은
FBA(Fulfillment by Amazon, 물류 보관·배송을 위한 원스톱 물류 서비스) 서비스
를 도입한다면 앞으로 더 많은 국외 물건들이 이들 물류 거점을 통
해 세계 각지로 뻗어 나가게 될 수 있다. 우리나라의 경쟁력 있는
제품이 세계 각지로 배달될 수 있도록 우리도 아시아 물류 허브를
세워야 할 것이다.

수닝이거우(苏宁易购)

이제는 O2O 리테일 시대
알리바바가 수닝에 투자한 이유는 무엇일까?

———

코로나바이러스가 닥치자 가장 먼저 충격이 컸던 업계는 오프라인이었다. 그러나 물류 시스템과 어느 정도 온라인 시장을 구축해 놓은 소상공인과 기업은 이번 쇼크를 그나마 건강하게 넘어갈 수 있었다. 오히려 어떤 음식점들은 코로나로 혼란한 가운데도 불구하고 배달의 민족을 통해 매출을 올리는 효과를 보기도 했다고 한다. 아마 배달의 민족이란 플랫폼이 없었더라면 사태는 더 난감해졌을지 모른다.

이렇게 1차 코로나바이러스의 폭풍이 지나가자 온라인과 오프라인의 통합 O2O 모델은 앞으로 기업들이 반드시 갖추어야 할 시스템이 되었다. 그러나 좀 더 확장되어 보면 이젠 O2O에서 OMO(Online Merge Offline)의 방향으로 가고 있다고 할 수 있다. 이는

4차 산업혁명 기술을 기반으로 한 온라인과 오프라인의 융·통합을 가리킨다.

미국은 월마트와 아마존이 온·오프라인의 경계를 허물며 리테일 산업에서 경쟁을 다투고 있다. 이에 맞선 상대가 바로 또 중국이다. 중국은 질세라 OMO 4.0 시대를 열어 전투적인 행보를 보이고 있다. 대표적인 기업이 수닝그룹을 꼽을 수 있겠다. 수닝이거우(苏宁易购)는 수닝그룹 산하에서 운영하고 있는 B2C 플랫폼이다. 전자가전, 3C 제품, 일상용품을 주로 판매한다. 그중 전자가전 제품의 구매력이 가장 높다. 중국 사람들은 전자가전 제품을 구매할 때 징둥, 수닝, 궈메이를 주로 찾는 경향이 높은 것으로 알려져 있다.

2020년까지 수닝이거우는 3,000억 위안(약 50조 1,600억 원) 판매를 목표로 하여 중국 최대의 B2C 플랫폼이 될 것을 선포하였다. 더불어 공동으로 산업 생태계 연맹을 맺어 전국에 5G 플랫폼을 만들 것이라고 한다. 알리바바 티몰과 함께 합작하여 5G 생태연맹을 맺기도 하는 등 아주 공격적인 퍼포먼스를 보여 주고 있기도 하다. "과학 기술의 수닝, 스마트 서비스"는 수닝이 제창하는 전략 구호이다. 또한, 그들의 사명은 "백년 수닝, 세계화 공유"이며, "자원을 연결하는 플랫폼을 만들자!"라는 것이 이들의 경영 이념이다.

그렇다면 과연 수닝이거우는 어떤 회사이며, 어떠한 배경을 가지고 있을까? 수닝이거우는 2009년 설립된 스마트 유통기업이다. 오프라인이 먼저 활성화되었고 인터넷 시장에 쇼핑 바람이 불면서 때맞추어 온라인 사업을 강화하기 시작했다. 오프라인과 온라인이 같이 발전하기 시작한 기업이다. 이때 수닝닷컴(suning.com)을 만들면서 물류와 사후 서비스에도 힘을 쓰기 시작했다.

　수닝은 과거 온라인 플랫폼을 형성하기 위해 IBM과 합작하여 신형 인터넷 플랫폼을 개발한 적이 있었다. 또한, 양측은 미래 5년 동안 새로운 목표를 설정하였는데 그 목표는 스마트 수닝을 통해 국제적인 스마트 기업으로 성장하는 것이었다. 둘은 전자상거래 혁신 공동체 글로벌 전략 연맹 관계를 맺었다. 프로젝트 관리, 상품 설계 등을 담당하여 전략적 동반자로서 길을 이어 나간 경험이 있다.

수닝이 성공한 비결

　수닝이 발전할 수 있었던 큰 이유 중 하나는 온라인 사업을 시작하기 전 오프라인 시장을 이미 잘 형성했기 때문이다. 그리고 실질적으로 오프라인 매장을 잘 운영해 왔었다. 오프라인 매장에서는 주요 중고가의 가전제품, 3C 제품을 판매하여 소비자에게 경험의 공간을 제공하였다. 그리고 온라인 사이트에서는 중저가 정책으로 가격적인 면에서 소비자들이 혜택을 볼 수 있게 플랫폼을 활성화시켰다.

그밖에 수닝이 O2O 플랫폼을 성공적으로 할 수 있었던 이유 중 하나는 오픈형 마인드가 있었기 때문이다. 처음 수닝이거우가 플랫폼을 개시했을 때 '쌴미엔 정책(三免政策)'을 실시했다. 쌴미엔 정책은 입점주들에게 플랫폼 사용 무료, 보증금 면제, 연회비 면제를 시켜 준다는 것이었다. 입점주들에게 매력적인 입점 조건을 내세운 것이다.

2009년부터 수닝은 인터넷으로 비즈니스 모델을 전환하기 시작하였고 10년의 발전 계획을 내세웠다. 수닝은 까르푸의 지분 80%를 가지고 있는데, 이렇게 전국 까르푸 상점에도 스마트 유통으로 개조하였다. 3km 범위 내에 1시간 배송 서비스로 소비자들을 만족시키고 있다.

이외에도 그들이 사용한 전략은 커뮤니티를 통해 소비자들의 유입을 몰리게 한 것이다. 바로 쑤샤오퇀(苏小团)과 같은 소비자 커뮤니티 APP를 통해 5억 명의 사용자들을 모았다. '사용자 커뮤니티 + 상품 + 소셜 네트워크' 운영 모델을 생태계에 도입하였다. 6,000개의 상점들이 수닝 쑤샤오퇀에 입점하였다.

또 다른 수닝투이커(苏宁推客)는 언제나 어디서나 수닝의 제품을 홍보하는 집단(커뮤니티)이다. 홍보하고 싸게 살 수 있는(흔히 말해 홍보하고 돈버는) 식의 유통 커뮤니티 마케팅 집단이다. 818 이벤트 때 1시간 만에 주문량이 전년 대비 173% 증가했고 1시간 만에 20만 개의 주문량을 성공시킨 경험이 있다. 더불어 위챗 공중하오와 연결

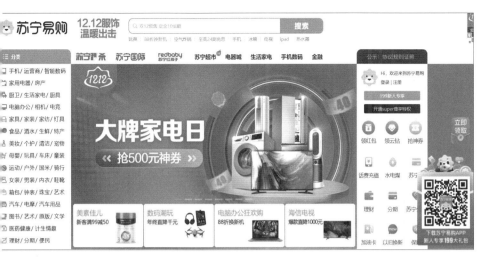

되어 있는 소셜 네트워크 커뮤니티로 수닝의 정보 및 제품, 할인권을 공유하는 서비스를 도입하였다.

　수닝의 전략은 공격적이다. 샤오미처럼 자신들만의 팬덤 커뮤니티를 통해 이미 전국 128여 개 도시에서 교류회를 가지고 있다. 앞서 말한 쑤샤오톤은 공동 구매 커뮤니티이다. 이 커뮤니티의 특징은 헤드(커뮤니티의 장)가 활동을 하는 것이다. 수닝은 이 헤드들에게 정기적으로 교육을 실시하여 수닝에서 판매되는 제품들을 소개하고 교육시킨다. 그리고 이 헤드들은 커뮤니티에서 제품과 주문을 공유하여 소비자들이 제품을 구매할 수 있도록 판매를 이끈다. 이 헤드들의 월급 또한 1만 2,000위안을 번다고 한다. 수입도 꽤 짭짤한 편이다. 인력 자원의 힘을 빌려 플랫폼을 운영하는 압도적인 사람 마케팅을 하고 있는 것이다. 소비자들은 이 커뮤니티를 통해 공동 구매를 할 수 있게 되었다.

또한, 대부분의 회사처럼 MCN(Multi Channel Network) 기구 또는 Top 왕홍들과 협력하기보다는 매장 점장들을 왕홍으로 만들어 제품을 판매하는 방식으로 왕홍 직원과 서로가 조직적 임파워먼트가 형성될 수 있도록 하였다.

수닝이거우는 둥관시(东莞市) 정부와 협력하여 '수닝 즈보어 기지(생방송 플랫폼 기지)'를 건설하기로 협약했다. 둥관 지역의 산업을 육성하고 수닝이거우는 인재 양성과 새로운 제품 발굴에 투자하기로 한 것이다. 수닝은 알리바바처럼 더욱더 많고 새로운 브랜드 발굴에 박차를 가하고 있다. 대표적으로 '1+1+1'을 세웠는데 이 계획은 수닝이 브랜드 간의 협력하는 방식으로 온라인 공식 플래그십 스토어, 오프라인 디스플레이 판매, 라이브 공식 플래그십 스토어의 판매를 지원한다. 3년 이내 1,000개 브랜드의 연간 라이브 매출 2,000만 개 이상을 지원한다. 수닝 관계자는 향후 5,000개의 새로운 브랜드 인큐베이팅을 할 것이라고 밝혔다. 앞서 말한 것처럼 알리바바와 같이 거대한 브랜드 생태계를 만들게 될 것으로 전망된다. 이를 이루기 위해 중국의 대표 제조 지역인 둥관시와 협력하고 생방송 기지를 세우는 등 기초 인프라 설립에 박차를 가하고 있다.

신유통 클라우드

————

수닝이거우는 유통 플랫폼에 전면적인 경험을 보유하고 있어 이를 바탕으로 수닝 광장, 생활 광장, 샤오디엔(小店, 작은 상점), 링쏘우원(零售云, 신유통 클라우드)를 조성하였다. 링쏘우원(Suning Retail Cloud)은 수닝이거우가 현급(县级) 도시에 스마트 유통 플랫폼을 만드는 것을 가리킨다. 2019년 2,000여 개의 링쏘우원 점포가 증가하면서 많은 일자리가 창출되었고 중국 농촌 경제에 영향력을 미쳤다. 중국 매체에 따르면, 리커창(李克强) 총리 역시 수닝을 방문해 링쏘우원에 대한 중요성을 강조하였다.

수닝은 가전제품으로 시작하였지만 '인터넷 플러스'와 사물인터넷 기술을 통해 오프라인과 온라인을 연결하여 성공적인 모델을 만들었다. 매출에서 온라인의 점유율을 68%까지 끌어올렸다. 2021년에는 1만 2,000개 점포를 온라인 전환으로 목표 삼고 있다. 이 플랫폼은 브랜드, 서플라이체인, 물류, 금융 등 스마트 리테일 자원들을 통해 소비자들이 더욱 저렴하고 좋은 상품들을 살 수 있도록 한다.

수닝은 소비자들이 상품 구매를 하는 과정에서, 수닝 금융을 통해 대출, 보험, 자산 관리를 할 수 있도록 전방위적인 금융 서비스까지 제공하며 플랫폼의 사용 범위를 넓혔다. 코로나 발생 기간 2020년 1분기 수닝이거우의 온라인 플랫폼 상품의 교역액은

12.8% 증가하였다고 한다. 코로나 충격에 대응하여 수닝은 전면적으로 온라인 운영 능력과 자사 물류 우위를 가세해 생방송, 수닝 투이커 등을 통해 판매를 박찼다. 또한, 수닝은 인수한 까르푸마트의 디지털화를 가속화하고 홈 서비스 기능을 전면적으로 개선했다.

팬데믹 이후에도 수닝은 다행히 수년에 걸쳐 축적된 인터넷 운영 기능과 물류의 장점 때문에 적극적으로 대응할 수 있었다. 더 나아가 커뮤니티의 소비자 잠재력을 활용하고, 홈 비즈니스를 적극 개발하여, 온라인 오픈 플랫폼 생태계에서 가맹점들이 참여할 수 있는 상생의 길을 도모하였다.

비리비리(bilibili, 哔哩哔哩)

왜 비리비리는 중국 젊은이들의
매력적인 놀이터가 되었나?

————

Z세대는 이제 더 이상 네이버나 구글에서 검색하지 않고 유튜브를 통해서 정보를 찾는다. EBS의 한 방송에 따르면, 우리나라 10~20대의 98%가 유튜브를 이용한다고 한다. 앞으로는 크리에이터가 아닌 평범한 사람들도 1인 1채널 유튜브 시대가 올 것이다. 그렇다. 이제는 동영상 중심의 커뮤니케이션 방식이 하나의 소통 창구로 자리를 잡았다. 콘텐츠가 담긴 동영상을 통해 정보를 알아가고 나의 일상을 담는 행동은 자연적인 생산 활동이 되었다.

따라서 뉴미디어 플랫폼들과 새로운 뉴 디지털 문화 콘텐츠들이 등장하고 있다. 코로나바이러스 사태 이후 문화 콘텐츠에 대한 변화도 생기고 있다. 예를 들어 사람들이 웹드라마, 웹툰, 웹소설과 같은 콘텐츠를 많이 찾고 있다.

온라인 콘텐츠 플랫폼을 통한 문화 체험이 트렌드로서 가속화되고 있다.

이번 장에서는 위에서 언급한 특성을 가진 플랫폼으로 잘 알려진 비리비리(哔哩哔哩)에 대하여 알아볼 것이다. 비리비리는 중국 젊은이들이 즐겨 보는 '동영상 문화 커뮤니티'이다. 쉽게 말해 중국판 유튜브라고 생각하면 된다. 그러나 동영상 문화 커뮤니티라고 칭한 이유는 Z세대인 중국의 젊은 층들이 이 플랫폼을 통해 흔히 말하는 '문화'를 접하고 있기 때문이다. 그리고 이 안에서 실질적인 팬덤 층이 형성되고 있으며 그 파급력이 대단할 만큼 급속도로 성장하고 있다.

2009년에 설립된 중국 젊은이들의 문화 커뮤니티의 성격을 띠고 있는 비디오 공유 플랫폼이다. 애니메이션, 드라마, 음악, 댄스, 게임 등 약 15개 이상의 콘텐츠 카테고리를 제공하고 있다. 팔로워들은 비리비리를 B스테이션(B站. B정거장)이라고 부른다. 2018년 B스테이션은 미국 나스닥에 상장되었다.

주요 사용자층인 Z세대의 인구수는 3억 명 이상으로 2020년 중국 온라인 엔터테인먼트 시장의 60% 정도를 공헌한다. 주요 연령

대는 24세 이하의 젊은이들이며 월 활동자 수는 1억 명이 넘는다. 가장 오래 있는 시간은 83분에 달한다. B스테이션은 24세 이하의 젊은 사용자가 선호하는 10개 애플리케이션 중 1위를 차지하였다. 청소년, 젊은이들에게 미치는 영향이 커서 중국 학계에서도 주목하고 있을 정도이다.

이 플랫폼의 수익은 의외로 비디오 트래픽보다는 게임에서 창출이 되고 있는데 운영 수익의 80% 정도가 모바일 게임으로부터 나온다. 또한, 비리비리는 애니메이션 덕후들이 모인 플랫폼으로서 향후 일본 애니메이션에 대한 콘테츠 규모를 더욱 확대할 것으로 보인다. 중국의 애니메이션 사용자 규모는 2021년 4억 명에 달할 것으로 예측된다. 따라서 앞으로 중국에 웹툰, 웹소설 분야의 콘텐츠가 급증하며 성숙하고 흥미로운 콘텐츠들이 많이 나올 것으로 예상된다.

재미, 흥미, 신뢰를 바탕으로 한 커뮤니티

———

중국 젊은이들이 B스테이션을 좋아하는 이유는 무엇일까? 그것은 바로 B스테이션 안에 모든 것이 있다고 믿기 때문이다. 모든 것이 다 있다는 것은 이 커뮤니티 안에서 서로 간의 향유할 수 있는 문화와 콘텐츠가 다양하다는 것을 뜻한다. 마치 이제는 우리가 정

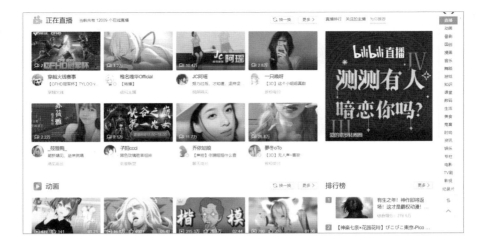

보를 알아갈 때 네이버를 넘어서 유튜브에서 모든 정보를 검색하고 볼 수 있는 것처럼 중국인들 또한 B스테이션을 통해 정보를 얻으며 문화적 소통을 하고 있다.

그렇다면 더 나아가 B스테이션이 성공한 이유는 무엇일까? 종합해 보면 콘텐츠 생태계와 흥미로운 서클(그룹, 모임)이 잘 결합되어 만났기 때문이다. 서클이란 구체적으로 사람 또는 한 문화적 집단을 가리킨다. 내용 콘텐츠 방면에서는 예능, 다큐멘터리, 국내 애니메이션 등 다양한 방송물들을 볼 수 있도록 제공되었다. 풍부하고 다원화된 고품질의 콘텐츠가 중국 사용자들의 흥미를 자극시켰다. 우리가 유튜브에서 재미있는 콘텐츠를 보듯 말이다.

두 번째로 흥미로운 서클은 소셜 네트워킹을 단단하게 만들었다. 인스타그램, 페이스북 등 국제적인 SNS가 막힌 중국 내에서는 자국 플랫폼들이 활성화될 수밖에 없다. B스테이션은 그러한 불편함을 해소하는 역할을 해주었으며 친구와 친구가 만나 서로 교류할 수 있는 장을 마련해주었다.

B스테이션은 커뮤니티의 역할 또한 해내고 있기 때문에 성공할 수 있었다. 그 이유는 매년 오프라인 활동을 열어 팬덤 층을 더욱 확보해 나아가고 있는 것으로 알려져 있다. 오프라인 행사에서는 라이프스타일, 맛집, 패션, 게임 등 다양한 콘텐츠를 서로 교류하고 나눈다. 그뿐만 아니라 Bilibli Macro Link(BML)라는 오프라인 대형 콘서트도 열어 가수를 초청해 행사를 한다. 이런 식으로 Bilibili World가 생겨난다.

이 커뮤니티에는 왕홍 대신, UP주먼(내용 창작자. uploader) 등이 있다. UP주먼들에게는 팬덤 층이 따라온다. 제대로 활약하고 있는 UP주먼의 수는 35만 명에 달한다고 한다. 2019년도 기준 TOP 20 순위 안에 들어오는 9명의 UP주먼을 조사해본 결과, 대부분 창작 내용은 생활, 엔터테인먼트, 과학기술, 영화 등의 영역에서 동영상을 올린 것으로 나타났다.

중국의 유명 1세대 왕홍 파피장(papi酱)도 B스테이션으로 자리를 옮겨 그녀만의 독특한 세계를 시청자들에게 보여 주고 있다. 더불어 1,100만 명의 팔로워를 거느리고 있는 왕홍 장다이(张大奕) 역시 B스테이션에 채널을 열었다. 심지어 샤오미 CEO 레이쥔 역시 Z세대와 소통하기 위해 자신의 채널을 개설했다. 중국의 유명 인사들도 비리비리 채널을 통해 젊은이들과 소통하고 있다.

그러나 요즘은 중국인뿐만 아니라 한국인들 중 뷰티, 노래로 활약하는 사람들이 늘어나고 있는 추세이다. 심지어 금발 머리의 외국인들까지 중국판 유튜브에서 수익을 창출하고자 중국 콘텐츠 동영상 시장에 뛰어들고 있다. 단순히 중국 시장이 커서 그런 것일까. 한편으로는 조금 아이러니한 풍경이지만 콘텐츠를 가동시켜 줄 플랫폼이 그만큼 규모화되어 있다는 것을 깨닫고 국내 유명 인플루언서들이 진출하여 차이나머니를 끌고 들어올 수 있는 절호의 기회일 수도 있겠다.

덕후들이 모이는 세상

———

B스테이션은 중국 대륙의 'ACGN 콘텐츠'를 중심으로 한 엔터테인먼트 플랫폼이다. A는 애니메이션을 가리키고, C는 코믹, G는 게임, N은 웹소설을 가리킨다. 특히 중국의 온라인 애니메이션 시장은 큰 잠재력이 있다. 2019년 온라인 애니메이션 시장 규모액은 26.8억 위안(약 4,500억 원)에 달하였다.

이들의 또 다른 특징은 회원 제도를 일부분 도입했다. "회원들만 이 세계를 안다."라는 의미심장한 말이 돌기도 했다. 회원 제도도 세분화하였고 회원 등급별로 동영상 문화에 참여할 수 있는 플랫폼 참여 장치를 마련하였다. 이 회원 제도는 다소 폐쇄적으로 보이기도 하지만, 회원 제도를 통해 플랫폼에 더 큰 자원 사슬이 있다는 것을 말해 주고 있다. 동영상, 생방송, 게임, 전자상거래, 음악, 사진첩 등 기능의 상품과 서비스를 회원들에게 제공한다. 이로 인해 200만 개의 문화 해시태그가 형성되었고 7,000개의 핵심 문화권이 만들어졌다.

점점 B스테이션과 협업 프로젝트를 진행하는 브랜드들도 증가하고 있다. 중국 내 유명 코스메틱 브랜드인 즈란당(自然堂. CHANDO)은 플랫폼과 함께 색조화장품 콜라보레이션을 진행하였다. 중국에서는 이것을 콘텐츠 플러스라고 부른다. 커머스(상업 제품) + 콘텐츠(비리비리) + 생산(크리에이트)이 결합되어 브랜드 마케팅 효과를 창출하는 데 의미가 있다.

유명 자동차 회사 쉐보레 역시 '런성이촨(人生一串)'이란 슬로건을 걸고 B스테이션에 마케팅 광고를 해 젊은이들이 흥미와 주목을 끌었었다. 많은 프로슈머가 자신들이 원하는 콘텐츠를 창조하여 소비자들과 소통한다. 더 나아가 B스테이션은 전자상거래까지 진출했다. 플랫폼의 사용자는 1억 명이지만 실질적으로 돈을 내고 이용하는 사람의 수는 440만 명 정도밖에 되지 않는다고 한다. 사용자에 비해 수익에 미치는 사용자의 수는 아직 먼 수치이다.

비리비리는 타오바오와 합작하여 up주먼들이 자신의 동영상을 통해 타오바오 상점으로 연결될 수 있도록 하는 인플루언서 상점 또한 만들었다. up주먼들도 수익을 벌 수 있는 하나의 통로 창구를 가지게 되었다. 이것은 웨이보가 타오바오와 전자상거래 기능을 연결한 것과도 비슷하다고 볼 수 있다. 알리바바의 B2C몰 텐마오의 총재인 장판(蒋凡)은 이 모두가 타오바오에게는 Z세대의 소비자들을 확보하는 것이며 B스테이션에게는 콘텐츠의 지속적인 성장을 가지고 오는 것이라 말했다.

비리비리는 궈찬(국산, 国产)에서 궈창(국가창조, 国创)으로 탈바꿈한 대표적인 사례라고 볼 수 있다. 그들은 창업 초기 때부터 '국가 창조 부양 계획'을 발표하여 중국의 2차원 애니메이션 IP 산업에 대한 투자를 한 것이다. 이제는 단순한 IP 수입의 의미를 뛰어넘어 자체 국가에서 창작, 창조의 수준까지 올라갔다.

2020년 기준 스마트폰의 70% 이상이 유튜브 트래픽에 몰려 있다고 한다. 그만큼 우리는 동영상 콘텐츠에 더욱더 의존적일 수밖에 없는 환경에 처해 있다. 중국 내에서는 젊은 층들의 동영상 의존도 역시 매우 급속히 성장하고 있다. 포스트 코로나 시대의 비리비리는 오히려 바이러스가 사람들과 비디오의 연결을 가속화했다고 밝혔다. 앞으로 5G 시대에는 비디오가 콘텐츠의 절대 주류가 될 것이라고 전망하고 있다. 과거에는 텍스트와 그림, 사진을 통해 콘텐츠를 받아들였다면 이제는 비디오 영상을 통해 콘텐츠를 전달받는다.

앞으로 비리비리가 이런 방향과 속도로 성장한다면 아시아권 내 가장 잠재력 있는 아시아판 유튜브 플랫폼이 될 수 있다는 가능성을 배제하지 않을 수 없다. 그러기에 우리도 우리만의 콘텐츠 영상 플랫폼을 만들어 K-Platform을 수출해야 할 때이다.

딩딩(钉钉)

왜 세계 기업들은 앞으로 딩딩을 사용하게 될 것인가?

———

코로나바이러스로 가장 수혜를 많이 본 기업은 바로 미국의 원격 화상회의 및 모바일 협업 서비스 제공 소프트웨어 기업인 줌 (Zoom)이었다. 흥미로운 점은 세계적인 이 기업의 CEO와 연구진들 대부분이 중국인이다. 어떤 모양이건 현재 세계는 '원격'이 하나의 소통 창구가 된 것만은 사실이다.

온라인으로 일하는 리모트 워크, 원격으로 학교 수업을 듣는 랜선 스터디 문화가 생각보다 성큼 빨리 다가왔다. 앞으로 사람들은 자신들이 원하지 않아도 인터넷을 통해 원격으로 회사 업무를 보고 공부해야만 하는 세상 속에 살아가게 될 것이다. 이러한 모든 장면들은 클라우드 기술에 의해 실현된다. 스마트 워크와 스마트 오피스는 포스트 코로나 시대에 일하는 방식의 표준이 되어 버린 셈이다. 전문가들은 중국의 재택근무 관련 시장 규모는 449억 위안(약 7조 5,100억 원)에 달할 것이라 전망한다.

이번 장에서 소개할 기업은 알리바바의 딩딩(Ding Talk)이다. 딩딩은 알리바바 그룹에서 만든 원격 회의 플랫폼이다. 초기에는 사내용으로 사용했지만 이후 타 기업에도 보급하기 시작했다. 필자도 중국 회사에 있을 때 딩딩으로 사내 채팅을 위해 사용해 본 적이 있다. 중국 내 회사들은 처음에 업무용으로 QQ나 위챗을 사용하다가 언젠가부터 딩딩으로 추세를 바꾸었다.

본론으로 들어가 딩딩을 소개하면 이렇다. 딩딩은 중국 최대의 회의 플랫폼이다. 전국의 3억 명에 달하는 사용자들이 있으며 1,500만 개가 넘는 기업들이 딩딩을 이용하고 있다. 딩딩의 타깃층은 대기업이 아닌 중소기업이다. 중국의 수많은 중소기업에 스마트 기업 관리 시스템과 서비스를 제공하는 것이다.

아이리서치에 따르면, 2019년 중국 스마트 이동 오피스 시장 규모는 288억 위안(약 4조 8,200억 원)에 달하였다고 한다. 2020년 449억 위안(약 7조 5,100억 원)을 전망하고 있으며, 55.9% 성장할 것이라고 내다보고 있다.

잠시 미국의 경우를 들여다보면, 미국 국민 16~19%가 온라인 원격 근무를 하고 있고, 미국 기업의 80%가 원격 근무 제도를 도입했다고 한다.

딩딩은 알리바바 클라우드 알리윈과 함께 기술을 협력, 융합하여 '윈딩일체(云钉一体)'를 추진하고 있다. 윈딩일체 개념은 사실상 몇 년 전부터 알리바바가 제창해 왔던 개념이다. 디지털 기술을 통해 딩딩을 기업의 디지털 변환의 플랫폼으로서 만들겠다는 뜻이다.

스마트 가상 오피스

딩딩은 2015년 처음으로 1.0 버전을 출시하였고 당시에는 아무런 홍보를 하지 않았다. 그저 기업 내부에서 사용하는 메신저에 불과하였다. 이제 딩딩은 기업과 학생들의 커뮤니케이션 및 협업을 돕기 위해 생겨난 멀티 플랫폼 서비스를 제공한다. 사용은 무료이며 편리하고 효율성이 높아 외국에서도 많이 찾는다. PC 버전과 모바일 버전이 있고 처음에는 알리바바 직원들의 효율적인 업무 수행을 위해 생겨났다.

화상 회의, 학교 수업 생방송, 조직 통신망을 제공하는 종합 플랫폼의 대표적인 예로 충분하다. 주소록 관리, 신속하게 사람 찾

기, 통합 주소록 등 기능을 갖추고 있으며 안전성과 기밀성을 보장받아 중국에서는 처음으로 SOC2TYPE1, ISO27001, ISO27018 데이터 안전 인증을 받은 애플리케이션으로 알려져 있다.

중국 자국 내에서 딩딩은 1,000만 개가 넘는 기업에 온라인 원격 근무 서비스를 제공했고, 14만 개의 학교와 350만 명의 이상의 선생님들이 딩딩을 통해 수업을 진행하였다. 동시에 국외에서도 널리 사용되고 있다. 일본의 한린(翰林)학교에서는 코로나 사태 때 딩딩을 사용하였고 안전성에 대한 매우 좋은 평가를 남겼다. 여러 언어와 텍스트를 지원하는 외국 버전까지 출시하여 글로벌 친구들도 딩딩을 쉽게 경험할 수 있는 장점이 있다.

알리 딩딩(Ali Dingding)의 리포터에 따르면, 이 플랫폼에 따라서 수많은 클라우드 모델이 등장했다고 밝혔다. 클라우드 서명, 클라우드 투자, 클라우드 방어 및 검사에 이르기까지 '클라우드 경제' 사회의 모든 단계에서 다양한 산업까지도 가속화되고 있다. 딩딩의 사용 확산은 중국 내 새로운 디지털 인프라가 건설되도록 한 것에도 한몫을 했다.

팬데믹 이후 2개월 동안 항저우, 난징, 지난, 푸저우, 닝보 등 수십 개 도시에서 클라우드 서명 방식을 채택했으며 총 투자액은 2,000억 위안(약 33조 4,400억 원)에 달하였다고 한다. 최근에는 충칭, 둥관에서 알리바바와 디지털 혁신 및 산업 경제 발전을 촉진하기 위해 클라우드 계약을 체결했다. 또한, 저장성과 알리바바는 공동으로 기업 플랫폼을 설립하기 시작했다. 이는 기업의 어려움을 해결하기 위해 설립된 저장 지역 거버넌스의 현대화와 기업의 디지털 변환을 위한 촉진 과정이라고 할 수 있다.

디지털 인디펜던트 워커의 증가

딩딩의 목표는 이러한 클라우드 생태계를 통해 디지털 비즈니스 인맥 네트워크를 생성하고 일종의 이것이 트렌드가 되게 하는 것에 방점을 찍으려 한다고 할 수 있다. 코로나 이후로 우리는 누군가를 대면하여 인맥을 만들어 가는 시대는 지나갔다. 오히려 디지털 생태계를 통해 나 자신을 알리고 사람들과의 관계를 맺어 나가는 능력이 더욱 필요한 트렌드가 되었다고 할 수 있다.

디지털 생태계의 추세로 보면 딩딩은 세계 최대의 회의 플랫폼이 될 수 있는 가능성을 아예 배제하지 않을 순 없다. '인터넷 + 딩딩' 관리 모델을 구동하여 세계 최대 온라인 회의 플랫폼이 될 수 있는 역량을 다지고 있다. 딩딩의 온라인 회의 수는 하루 2,000만 회를 초과하고 회의 참가자 수 또한 1억 명을 넘거서는 최고치를 기록하기도 했다.

딩딩은 302명이 동시에 회의를 할 수 있다. 전화하는 기능도 있어 전화 회의도 가능하다. 스마트 워크가 가능해진 것이다. 승인하는 기능도 있어 외부에서도 쉽게 승인이 가능하여 관리자들에게 유익하다. 또한, 딩요우라는 딩딩 이메일(C - Mail)이 있어 이메일도 쉽게 보내고 받아볼 수 있다. 모든 멀티 플레이어 기능이 다 구축되어 있다.

딩딩 CEO 천항(陈航)은 앞으로 미래 새로운 기업의 형태와 조직을 예견한 것 같다. 예전 항저우에서 열린 ONE 상업 컨퍼런스에서 그는 새로운 제품, 새로운 고객, 새로운 조직이 디지털 시대 기업에게 3가지 성장 키워드가 될 것이라고 말했다. 다시 말해 디지털 전환은 전면적으로 새로운 조직을 만들고 그 조직이 스마트하게 협동할 수 있는 내부 생태계를 만드는 것이 관건이라고 설명했다. 미래에는 전 세계의 기업, 회사들이 딩딩 생태계를 못 벗어나게 될 것이란 점 역시 은근히 강조하고 있다고 볼 수 있다.

딩딩의 슬로건은 "딩딩, 하나의 디지털 업무 방법"으로 변경하였다. 원래는 하나의 업무 방법에서 디지털이란 글자가 더 들어갔다. 디지털 통합을 향한 중국의 야심이 또 드러나는 장면이다.

'인(人. 사람)' 측면에서 인맥을 온라인 디지털로 관리하는 것을 가리키는 데 3초 안에 100~1,000명 사람들과 명함을 교환하는 것을 목표로 하고 있다. 더불어 스마트 문서, 디지털 스마트 CS 센터를 출시하였다.

딩딩의 비전은 '백만 디지털 관리 전문가 훈련 플랜'을 가동하여 디지털화 시대에 맞춤형 관리 인재를 만든다는 것이다. 그것은 중국 정부가 추진하는 국가 디지털 인재 정책과 같이 동행하는 것과 같다. 딩딩은 앞으로 100만 개의 새로운 디지털 인재 실무자를 훈련할 계획이며 국가의 안정적인 고용을 촉진하는 데 중요한 역할을 자리매김할 것이라고 밝혔다.

지금부터 기업과 조직들은 딩딩과 같은 원격 근무 플랫폼에 익숙해져 업무의 효율성과 유연성을 높이는 데 노력을 다하고 미래 직원들과 어떻게 소통할 것인지, 어떻게 스마트한 조직 관리를 할 것인지에 대해 고민해야 한다. 더불어 우리나라도 메이드 인 코리아가 만든 스마트 워크 생태계 시스템을 선보여야 할 것이다. 왜냐하면, 혹여나 미래에 우리 기업들이 중국의 디지털 생태계 자원을 사용해야만 하는 허무한 날이 오지는 않을까 걱정된다.

| 온라인 여행 플랫폼 |

씨트립(携程, Ctrip)

이젠 여행사도 빅데이터를 모으는 시대
폭발적 수요가 예상되는 OTA 시장

———

과거 그리 흔했던 여행은 이제는 옛말이 되었다. 코로나로 인해 많은 풍경이 바뀌었지만 그중 하나가 하늘길이 막힌 것이다. 그렇게 피해를 가장 많이 본 업계는 여행업계였다. 코로나로 인해 국내 관광업종 30개 상장사의 시가총액이 12조 원 넘게 하락했다는 기사를 보았다. 여행사, 면세점, 항공사들이 모두 멈춘 비극적인 결과이다.

여행업계의 흐름 역시 온라인 중심으로 흘러가고 있다. 특히 중국의 경우 온라인 여행업계의 성장 속도가 매우 빠르다. 2019년 상반기 온라인 여행 시장의 거래액은 7,000억 위안(약 117조 원)에 달하였다. 3.9억 명의 중국인이 온라인 여행 서비스를 이용하고 있다. 그중 주요 이용자는 1980~90년대에 출생한 젊은 층이 대다수인 것으로 확인되었다.

이제 '여행+온라인' 모델은 여행업계의 필수적인 비즈니스 모델로 자리 잡았다. 특히 코로나 이후 여행 및 숙박업계는 새로운 돌파구를 찾기 위해 '온라인 플러스' 자원 요소를 사용하지 않을 수 없게 되었다. 비록 지금은 전 세계 여행 산업이 잠시 멈추었지만 코로나가 잠잠해지면 아마도 여행에 대한 사람들의 니즈는 더욱 폭발적으로 급증할 것이라 예상된다. 포스트 코로나 시대에 걸맞은 새로운 여행 콘텐츠가 필요한 이유이기도 하다.

씨트립은 어떻게 코로나 리스크를 기회로 전환할 것인가

씨트립은 온라인 기반의 OTA(online travel agency) 여행 서비스 회사이다. 1999년에 출범하여 현재 17개 도시에 자회사를 두고 있으

01. 원격, 물류, 여행

며 중국 100대 브랜드 순위 안에 들 정도로 중국 최대 규모의 온라인 여행사가 되었다. 그러나 단순한 여행 장소를 매칭해 주거나 추천하는 기업이 아니다. 어떤 이들은 씨트립을 빅데이터 회사라고도 부르며 자신들 또한 빅데이터 회사라는 강한 자부심을 갖고 있다. 그 이유는 빅데이터를 기반으로 업무의 사이클이 돌아가기 때문이다. 그리고 많은 데이터가 통합–큐레이션을 거쳐 소비자에게 여행 정보가 제공된다. 약 3억 명의 방대한 소비자 빅데이터를 활용해 소비 패턴을 분석하고 맞춤형 여행을 제안한다.

처음 씨트립은 B2C2C 기반의 개방형 여행 공유경제 서비스 모델을 사용해 왔다. 이 모델을 기반으로 중국에 있는 호텔들을 쉽게 예약할 수 있는 서비스를 도입하였고 회원들에게 편리한 여행 서비스 가치를 경험할 수 있도록 하였다. 합작한 호텔의 수는 3만 2,000개가 넘으며, 전 세계 138개 국가의 도시와 지역에 2,000개 정도의 호텔과 합작을 하였다. 적지 않은 수치이다. 이 정도 규모의 방대한 데이터를 관리하고 운영하려면 단순 여행회사에 그치지 않아야 한다는 것을 우리는 알 수 있을 것이다. 과거의 방식처럼 단순히 여행지를 추천·매칭하는 것이 아니라 빅데이터를 활용한 스마트 여행으로 이어지고, 이는 고객의 만족도를 높여 다시 고객 증가로 이어지는 선순환 구조를 만들었다고 할 수 있다.

씨트립 이용자 중 35세 이하의 비율은 5년 동안 70%가량 증가했고, 29세 이하의 젊은 사용자들의 비율도 30%에서 50% 증가하였다. 코로나 불황에도 씨트립의 회원 수는 증가하고 있다. 애플리케이션 다운로드 수는 30억 회에 달할 정도로 여행계의 강자임을 증명해준다. 온라인 플랫폼을 이용하여 서비스를 누리는 소비자들과 플랫폼들은 앞으로 점점 더 스마트하고 간편하며 고효율적인 방향으로 가게 될 것이다.

씨트립은 2022년 베이징에서 열리는 동계올림픽에서 '3억 명의 스키 계획'을 세웠다. '온라인+스키' 신모델을 열기로 계획하고 있다. 2019년 이미 약 700개의 스키장과 파트너십을 맺어 중국의 스키 시장의 잠재성을 끌어올렸다. 2022년 열릴 베이징동계올림픽에 미리 대비하여 스키에 대한 유입량을 올릴 계획이다. 온라인 플러스 스키 계획은 동계올림픽에서 열리는 운동 항목들에 대한 흥미와 관심을 고조시킬 뿐만 아니라 씨트립 플랫폼에 대한 사용자들의 인지도 또한 높이고자 하는 목표를 가지고 있다. 코로나가 어느 정도 잠잠해지면 중국은 씨트립을 통해 여행과 문화 산업을 새롭게 가동시킬 것이다.

씨트립의 성공 전략

씨트립의 상품은 어떻게 판매되고 운영되고 있을까? 주요 3가지의 핵심 포인트가 있다. '특가', '인기', '특색' 이 세 가지는 현재 씨트립이 판매하고 있는 상품 중 비즈니스에 중요한 근간이 되는 카테고리이다. 사람들이 가장 관심이 있어 하는 카테고리는 바로 특가인 저가이다. 가격으로 승부하여 소비자들의 관심과 유입을 먼저 끌어올렸다.

애플리케이션 안에는 여행에 콘텐츠에 대한 공략도 있지만 맛집에 대한 공략도 숨어 있다. 맛집 카테고리를 열어 사람들이 여행을 가서 가장 중요하게 생각하는 맛집이란 콘텐츠를 넣어 두었다. 이는 맛집을 알려주는 메이투완따중디엔핑(美团大众点评)과 흡사하다. 온라인 여행 애플리케이션에서 맛집까지 알려주니 사용자 입장에서는 더욱 유용하고 편하다. 맛집 또한 등급별, 테이스트 별로 카테고리를 세분화하였다. 여행 면에서는, UGC를 통해 여행 장소를 좀 더 자세히 전달하고 표현할 수 있는 방법을 구현했다. 구독자 수는 만 건 이상에 달하며 동영상을 올리니 사람들이 더욱 호기심을 갖고 씨트립의 애플리케이션을 이용할 수 있는 통로가 된 셈이다.

씨트립을 통해 플랫폼에도 반드시 콘텐츠가 매우 중요하다는 사실을 발견할 수 있다. 콘텐츠가 결국 플랫폼 안에서 이루어지는 상품, 서비스의 가치 교환 문제와 직결되어 있기 때문이다. 소비자는 그 콘텐츠(상품, 굿즈, 서비스)를 보고 평가하여 구매 결정을 내린다. 플랫폼을 운영하는 기업에서는 콘텐츠에 대한 연구와 지속적인 투자가 필요하다.

리커창 총리가 인터넷 플러스를 언급했을 때 여행 산업과 인터넷 플러스의 융합 발전을 역시 강조했었다. 여행 산업이 발전하면 국가 경제에 긍정적인 영향을 미친다. 인터넷 플러스 정책과 접목시킨 여행 산업에 드라이브를 걸면서 중국의 여행 산업 경제는 한 걸음 더 발전해 나아가고 있음을 알 수 있다. 우리는 이에 경각심을 갖고 우리나라만의 콘텐츠를 지속적으로 잘 가꾸어 온라인 플러스 정책을 같이 융합한 플랫폼, 생태계 건설에 도전해야 할 것이다.

코로나로 인한 여행업계의 쇼크 기간 동안도 오히려 생방송 기술을 통해 여행 상품을 적극 홍보하였다. 즈보어따이휘(直播带货)를 통해 30분 동안 총 100만 건의 거래를 했으며 1시간 생방송이 끝날 때에는 총 1,000만 위안(약 16억 7,200만 원) 상당의 여행 상품을 판매했다.

씨트립은 V 계획을 세워 국내 어려워진 여행, 호텔, 레저, 숙박업을 다시 일으키고자 계획을 세웠다. 동남아 각국에서 온라인 여행 라이브 방송을 진행하였고 과감하게 180개 국가의 3만 3,000개의 호텔과 협업하여 여행객들에게 60% 할인가의 여행 서비스를 제공하였다. 더불어 어려워진 여행업계를 위해 10억 위안(약 1,670억 원)의 기금을 모아 클라우드 여행 시스템을 구축 및 촉진하도록 하였다.

그렇다. 관광 산업은 어려운 산업 중 하나이다. 외부 경제에 의해 쉽게 타격을 받기 때문이다. 이번에는 씨트립 이사회 회장인 량지엔장(梁建章)이 개인적으로 실시간 스트리밍하여 상품을 가져와서 관광 산업 회복을 위한 시작 버튼을 눌렀다. 바이러스의 영향으로 '생방송 + 여행' 씨트립을 포함한 중국 전체 여행 산업의 체인이 변화하고 있다.

국내 역시 여행사 마이리얼 트립은 온라인 여행으로 랜선 투어를 열었다. 가이드와 함께 간접적으로 여행하는 동영상을 시청하는 서비스를 제공하였다. 코로나로 인해 집에서 꼼짝 못 하는 사람들이 수요와 반응은 꽤 괜찮았다. 이렇게 중국, 한국 전 세계의 여행 기업들도 코로나로 타격 입은 산업의 리스크를 헤쳐나가며 새로운 콘텐츠와 서비스로 소비자들을 만족시키기 위해 연구하고 있다.

CHAPTER 02

/

B2B, O2O, 신선식품

/

01

1688.com

온택트 B2B 공간으로 제조업의 새로운 발판을 만들다

———

중국은 과거 제조 대국이란 이미지를 탈피하고 이제는 스마트 강국으로 가기 위해 '스마트 제조 2025' 정책을 내세우는 등 경제 정책과 관련하여 아주 전략적 차원의 시도와 행보를 보여 주고 있다. 과거에 제조는 한 나라를 먹여 살리는, 특히 중국의 경제의 선순환에 큰 영향을 미쳤다. 이제는 제조의 의미가 변화되었다. 진정한 제조란 물건을 생산하는 것만이 아닌 그 물건을 파는 유통, 마케팅 플랫폼까지도 생각할 수 있어야 한다.

그러나 예상치 못한 코로나 팬데믹 이후 기업들의 유통 및 무역 거래에 차질이 생겼다. 하늘이 막히고 바닷길 또한 막히자 무역에 장애물이 생긴 것이다. 당연히 제조 현장도 멈출 수밖에 없게 되었다. 그렇다면 온라인상에서 이런 제조업체들이 좀 더 편리하게 생산적인 활동을 할 수 있는 플랫폼이 있다면 어떨까? 더 나아가 대

면하지 않고 가상공간에서 바이어와 셀러를 이어주는 무역 공간이 있다면 어떨까?

알리바바그룹은 바로 그러한 플랫폼을 운영하고 있다. 대표적인 기업이 바로 기업의 비즈니스와 비즈니스를 이어 주는 B2B 도매 전자상거래 플랫폼 1688.com이다.

1688.com에 있는 제품을 검색하여 보다 보면 사람 빼고는 다 판다는 말이 맞을 정도로 각양각색의 제품들을 구매 및 거래할 수 있단 사실을 알게 된다. 원하는 제품 옆에 있는 '채팅하기'를 클릭하면 바로 제조업체/바이어와 연락이 가능하다. 손쉽게 소싱을 할 수 있다. 이는 바이어들의 시간을 절약시켰고 구매자와 바이어 간의 비즈니스 효율을 높였다.

02. B2B, O2O, 신선식품

데이터가 제품을 큐레이팅하여 비슷한 제품의 가격대가 다양하게 노출되고 디테일이 조금씩 다른 제품들을 발견할 수 있어 제품을 찾아보는 쏠쏠한 재미도 느낄 수 있도록 사이트를 설계해 놓았다. 셀러와 바이어가 편안하고 흥미로운 공간에서 온라인 무역을 즐길 수 있도록 환경을 마련한 것이다

온택트(Online-tact), 디지털 비즈니스 환경을 만들다

———

알리바바가 만든 이 1688 플랫폼이 존재하는 의미는 더욱 방대하고 깊다. 코로나바이러스가 발생한 시기, 광둥성에 있는 약 30만 개의 중소기업들이 1688 플랫폼을 찾았다. 코로나로 직접적인 외국 진출이 어려워진 기업들이 내수 시장으로 동시에 온라인 무역을 하고자 발길을 돌린 것이다.

중국은 1688을 통해 세계 제일 큰 규모의 수출입 플랫폼을 만들겠다고 밝혔다. 중국 사람들 입장에서는 세계에 있는 제품을 만날 수 있게 되고, 전 세계인들의 입장에서는 중국 제품을 더욱 손쉽게 수입, 구매할 수 있는 무역 효과를 만드는 것이다. 여기에 경쟁업체 핀둬둬(拼多多)까지 '둬둬피파(多多批发)'라는 1688.com과 비슷한 B2B 사이트를 만들며 B2B 사이트 간의 경쟁 역시 주목해야 할 부분이다. 둬둬피파는 아직까지 알리바바의 1688.com을 뛰어넘을 수 있을 만한 볼륨은 되지 않는다. 그러나 3, 4선 도시를 타깃으로

저가를 판매한다는 점에서 도매 무역 분야에서도 역시 성공의 잠재성을 지니고 있다고 볼 수 있다.

현재 1688 플랫폼을 이용하는 유입자 수는 1억 5,000만 명 정도이며 약 1,000만 개가 넘는 기업들이 입주해 있다. 또한, 해외 중소형 기업이 중국에 진출하고 좋은 판매 채널을 찾을 수 있도록 설계하였다. 이들은 앞으로 가치 사슬을 바꾸고 프로세스를 더욱 단순화할 계획을 가지고 있다.

1688의 모델이 원래부터가 인터넷 기반이라 코로나의 타격을 크게 받진 않았지만 코로나 사태 이후로 '디지털 모델 혁신'을 적극적으로 도입하여 시장을 확장하였다. 무역 거래 해당국을 가지 않더라도 온라인으로 온택트 무역이 가능한 공간을 만들었다. 이는 새로운 디지털 도매 모델을 일컫는데 무역회사들이 데이터 중심의 수요와 공급을 통해 유통 채널을 구축하도록 돕는 것이 목적이다. 이처럼 온라인 전시회 모델을 만들어 새로운 성장 공간을 확장하고 비용을 절감하며 효율성 개선을 통해 시장 확장을 추진하고 있다.

정부와 함께하는 제조 드라이브

1688은 중국 최대 제조 지역인 광둥성 둥관(东莞) 정부와 함께 중국 국내 최초 '산업 디지털화' 시범도시를 건설하기로 하였다. 둥관은 제조업이 활성화된 지역으로 온라인 제조/생산 플랫폼의 역할을 하는 1688과의 합작은 향후 중국 제조 산업의 큰 발자국을 남기게 된다. 1688은 둥관에 산업 브랜드 마케팅 시스템을 세우고, 디지털 인프라, 도시-시골 간의 전자상거래 업무 서비스 시스템, 지적재산권(IP) 등 다양한 서비스 프로젝트를 건설할 방침이다.

그렇다면 이러한 방침이 기업에게 얼마나 효과를 가져다줄까? 어떠한 이익과 가치를 창출할까? 첫 번째로, 1688의 빅데이터를 통해 기업은 적시에 필요한 상품을 준비해 나아갈 수 있어 재고 부담을 최소화할 수 있게 된다. 두 번째로는, 기업에 상품 기획, 스마트한 판매가 정하기, 브랜드 관리 등 서비스를 제공하여 더욱 스마트하게 업무를 볼 수 있도록 편리함을 제공한다.

사실 이 프로젝트는 중국 내에서 예전부터 제기되었던 주제이다. '둥관의 제조 + 전자상거래'로 새로운 업태를 창출하겠다고 했었다. 그래서 둥관에 많은 제조업체들이 전자상거래 플랫폼을 통해 세계로 제품을 판매할 수 있도록 생태를 형성하는데 노력을 기울여 왔다. 현재 둥관에 있는 제조업체들이 1688 플랫폼을 통해 '온라인 비즈니스 + 제조' 모델로 변화하고 있다.

지역 산업과 전자상거래가 만나 임파워먼트를 창출하고 자신이 가지고 있는 자원을 발산함으로써 네트워크와 협업하여 성장하는 형태가 이루어진다. 둥관의 여러 제조 센터에서는 이미 스마트 서비스 센터를 설립하여 온라인 신제품의 원 스톱 서비스, 보관 작업, 고객 서비스, 수출입 서비스, 현지 창고 등 기업의 디지털화를 위한 현지화된 서비스 기능을 제공할 것이라 했다. 1688은 유통 분야의 디지털화 선구자로서, 생산 지역의 공장이 디지털 채널을 구축하여 산업 업그레이드를 위한 제조 드라이브를 지원한다.

1688은 저렴한 상품을 판매하는 전자상거래 플랫폼 타오바오 특가판과 같이 협력하여 사업을 추진하기로 하였다. 두 개의 플랫폼이 서로 전면적으로 소통하기로 약속한 것이다. 중국은 지금 대외 무역에서 국내 수요로 이동하고 있다. 지금까지 전국적으로 12만 개의 대외 무역 공장이 중국 내수로 전환되었다. 이러한 의미에서 알리바바에 있어 디지털화를 통한 공장의 입지는 더욱더 중요해지고 있다. 그 이유는 디지털화를 통해 C2M, 소비자의 직접 대면할 수 있는 기회와 가능성이 높아지고 있기 때문이다. 현재 알리바바는 가장 큰 공장 엔진을 만들고자 중국의 670만 개 공장에 디지털 기술을 도입하기로 하였다.

알리바바의 디지털 상품 공급망 플랫폼 1688은 '글로벌 상품 라이브러리', '글로벌 마케팅 센터', '글로벌 팩토리' 세 가지 전략을 발표했다. 그중에서도 '글로벌 상품 라이브러리(Global Commodity Library)'의 4,000만 개 디지털 핫 제품 소스는 전 세계 국경 간 시장 및 정보 수집 및 데이터 컴퓨팅에 대한 국외 소비자 선호도를 기반으로 전 세계 10개 지역으로 나뉘어져서 국경 간 기업이 글로벌 소비자 수요 선호도와 트렌드를 적시에 포착할 수 있도록 지원한다.

1688은 플랫폼 빅데이터 시장 통찰을 통해 수요 데이터를 제공하여 기업이 상품 개발을 정확하게 개발할 수 있도록 한다. '상품 기획', '스마트 가격 책정', '품질 관리', '유통 허브'의 4대 핵심 역량을 포함한 전속 스마트 상품 서비스 솔루션을 제공한다. 더 나아가 플랫폼을 통해 유효 자원을 통합하고 다양한 상품들을 공유함으로써 합리적인 수요와 공급을 지원한다.

코로나 이후 알리바바는 다시 1688을 통해 '디지털 무역 구역'이라는 프로그램을 선보였다. 바이러스 사태로 무역의 길이 막히자 자신들의 기존 생태계에 디지털화 전략을 도입하였다. 저장성 자싱시(嘉興市)의 여성복을 판매하는 업체는 3월 이후 생방송과 함께 1688에서 판매 실적이 전년 대비 80% 증가하였다고 한다. 앞으로의 도·소매 무역의 미래 역시 온라인 플랫폼 생태계에 달려 있다는 현실을 직시하며 새로운 비즈니스 거래를 준비해야 할 시대가 왔다.

징둥셩셴(京东生鲜)

**대륙에 부는 신선식품 열풍
14억 인구의 식탁을 책임질 신선식품 전자상거래는
어떤 모습일까**

———

마켓컬리는 신선한 식재료 제품을 새벽 배송하는 것 때문에 소비자들에게 매력을 어필할 수 있었다. 마켓컬리뿐만 아니라 신세계, 쿠팡 역시 신선식품 시장에 뛰어들었고 국내 이커머스, 유통업계들은 소비자에게 빠르고 안전하게 신선한 식품을 배달받는 서비스를 제공하기 위해 총력을 다하고 있다. 이러한 움직임은 비단 한국의 일만은 아니다. 미국과 중국 역시 신선식품 시장에서 성장세를 보이고 있다. 특히 코로나 사태 이후로 식품에 대해 사람들은 더욱더 예민해졌다.

한때 중국에서 분유 파동이 일어났을 때 중국인들의 식품 구매 민감도는 매우 높아졌었다. 그러다 코로나바이러스 사태가 발생한 다음부터 먹는 식재료에 대한 중국 사람들의 민감도가 더욱 급증한 것이다. 그만큼 건강과 환경을 생각하는 사람들이 많아지고 있는 추세인 것만은 분명하다. 사실 과거 중국에서는 신선한 식재료를 찾기가 그리 쉽진 않았었다. 어쩌면 여전히 중국의 농촌에서는 신선한 먹거리에 대한 청결 문제가 아직 남아 있을 것이란 예측도 해본다.

따라서 몇 년 전부터 기업들은 바로 여기서 새로운 기회를 찾기 시작했다. 농촌에 들어가 인터넷 쇼핑 인프라를 건설해 주고 농가에서 생산된 신선한 식품들을 엄선하여 도시 사람들에게 직접 배송될 수 있도록 중간 역할을 했다. 과거 외국산에서 이제는 중국 내수품으로 대체하는 변화로 가고 있다. 그래서 중국 쇼핑몰 안에 있는 고급 마트에서 파는 신선식품들의 가격은 한국보다 훨씬 비싼 경우도 종종 볼 수 있다.

선택과 집중으로 성장하고 있는 징둥의 신선식품

이번 장에서 소개할 징둥은 쇼핑몰이 아닌 신선한 먹거리를 배송하는 징둥성셴(京东生鲜)이다. 앞서 말했듯이 한국에는 신선한 먹거리를 배송하는 마켓컬리가 있다면 중국에는 징둥성셴이 있다. 사실 그 밖에도 메이르유셴, 허마셴성 등 타 브랜드들이 치열하게 경쟁하고 있다.

징둥은 좋은 가전제품, 3C 제품을 판매하는 것으로 유명해졌지만 이제는 신선한 육류, 채소, 해산물 등 먹거리를 배송하는 플랫폼으로 입지를 세워나가고 있다. 주요 고객층은 건강을 생각하는 중국의 80허우, 90허우 세대들이다. 이들 세대들은 자신들의 라이프스타일에 맞는 새로운 신선하고 건강한 먹거리를 찾고 있다.

소비자와 더 가까워지기 위해 온라인 징둥셩셴이 오프라인 매장으로 열어 신유통 전략을 내세웠다. 징둥은 자신들의 주요 유통망인 온라인과 오프라인을 병행하며 구매 효과가 확대되도록 하였다. 7FRESH는 징둥에서 유통하는 신선한 식품을 파는 오프라인 매장이다. 2019년 스마트 유통 TOP100에 51위를 차지하였으며 2018년 처음 열었을 당시 애플리케이션 이용자 수가 3,000%나 증가하며 매장 하루 평균 방문객 수가 1만 명을 달할 정도로 인기를 받았다. 징둥셩셴은 '삼전 전략(전유통, 전주방, 전시간)'을 수립하였다. 소비자들에게 깨끗하고 안전한 주방, 유통을 거쳐 원하는 시간대에 음식을 제공하겠다는 것이다.

중국의 안전한 먹거리 문제가 틈틈이 이슈화되면서 많은 소비자는 신선한 음식을 먹음으로써 건강해지는 것을 매우 중요시하는 가치관을 가지게 되었다. 2016년에 시작하여 약 4년 동안 이른바 '신선함을 찾는 군대' 조직을 결성하여 현재까지 약 50개 이상의 원산지 국가들과 공급 관계를 맺고 있다. 또한, 징둥셩셴은 '농지에서 식탁까지' 산업 공급 체인 전체에 대하여 효과적인 통제 및 관리를 하고 있다.

성공의 관건은 자체 제품 개발

———

더 나아가 징둥성셴은 인공지능(AI) 기술을 통해 돼지를 기르는 기술을 징치선(精气神, 돼지 사육 기업)과 전략 합작 투자하였다. 인공지능을 통해서 돼지 얼굴을 식별하여 관리를 진행하고 정보를 축적하여 고기를 공급한다. 징둥닷컴에 따르면, 이들은 스마트 돼지 사육뿐만이 아닌 러닝 닭 프로그램을 출시하여 신선한 달걀 또한 공급하고 있다. 2년 동안 2배 이상 성장하였으며 닭을 방목해서 키우기 때문에 달걀의 영양가가 더욱 좋은 것으로 알려져 있다. 이렇게 현재 중국은 농촌에서 디지털 기술을 응용하여 돼지나 닭을 사육하는 스마트 농촌 붐이 일어나고 있다.

징둥은 "Finding Fresh People"이라는 슬로건을 가지고 엄격한 표준을 가진 세계에서 고품질의 신선한 농산물을 찾고 있으며 자체 공급망, 기술 및 자본 역량을 기반으로 하는 것을 기준으로 두고 있다. 징둥성셴이 잘 운영되기 위해 물류적 조건 역시 뒷받침되었다. 스마트 물류를 기반으로 신선식품의 산업 개발 인프라를 지속적으로 통합화하고 있다.

특히 신선식품 전자상거래와 소비자들의 니즈가 증가함에 따라 이를 뒷받침해 줄 콜드체인(cold chain, 식품의 신선도를 유지하기 위해 저온도로 상태를 유지하는 것) 물류 역시 중요한 역할로서 작용되고 있다. 중국의 콜드체인 물류 시장의 총액은 6조 위안(약 1.003조 원)에 달하며 해마다 10% 이상 성장하고 있다. 각 성마다 콜드체인 창고가 마련되어 있으며 이를 관리하는 기업의 수 또한 증가하고 있다. 광둥성의 경우 콜드체인 기업 수만 272개, 산둥성에는 152개, 상하이에는 104개가 있다.

2019년 중국의 신선식품 시장 거래액의 규모는 2.16조 위안(약 361조 원)을 돌파하였다. 징둥성셴은 농업 공급망과 전자상거래 채널을 접목해야 한다고 생각했다. 다양한 소셜 커뮤니티를 통해 새로운 사용자를 만나고 매장 회원 관리를 사용해 기존 사용자를 유지하는 등 모든 사용자들을 위한 먹거리 생태 시스템을 구축하기 시작했다.

이 플랫폼에서는 10가지의 품질 측정과 6가지의 애프터 측정을 한다. 품질 측정으로는 신선한 농장 인증, 샘플링, 품질 추적, 직접 생산 등이 포함되고, 애프터 측정의 경우, 가격 보호, 좋은 보상, 소비자 보호 조치가 포함되어 있다. 하지만 온라인 신선 먹거리 플랫폼의 경우 전반적인 쇼핑 장면(체험)을 더 풍부히 개발해야 할 필요가 있다. 신선한 상품의 범주가 다양해지고 품질이 최적화되도록 사용자의 오프라인 소비 경험을 개선하는 데도 노력을 기울여야 한다.

징둥성셴은 현재 모든 산업 공급망 솔루션을 확장하기 위해 열심히 노력하고 있다. 핵심은 자체 생산, 직접 공급망 찾기, 판매, 물류이다. 또한, 징둥 로지스틱스를 통해 콜드 체인을 운영·관리하고 있다. 현재 징둥 콜드 체인은 전국 11개 핵심 도시에 18개의 상온 냉장을 보유하고 있다. 가파르게 성장하고 있는 신선식품 시장에 따라 콜드 체인 기술과 규모의 시장 역시 증가할 것으로 보인다. 미국 역시 아마존 프레쉬와 인스타카트 두 기업이 신선식품 시장에서 가장 빠른 성장세를 보이고 있다. 아마존 프레쉬는 징둥처럼 콜드 체인을 직접 운영 및 투자하고 있다.

징둥그룹은 농산물 제품과 전략적으로 함께 협력하는 'Super Province' 계획도 시작했다. 징둥은 농촌 프로젝트를 통해 식량 자원을 확보하는 노선을 타고 있다. 더군다나 중국은 홍수 문제로 식량난에 들어갔다. 그 결과 기업들이 정부 지침에 따라서 농촌에 들어가 식량을 확보하는 방향으로 가고 있다. 중국의 지방정부들과 기업이 합작하여 그토록 농촌을 공략하는 그 뒷면의 이유를 알아야 할 것이다.

산둥성(山東省)과 협력하여 약 15억 위안(약 2,500억 원) 판매 규모를 목표로 지역 농산물을 홍보하고 20개의 핵심 산업 벨트를 추가 개발할 것을 약속했다. 농산물 채널과 '농촌, 하나의 제품' 프로젝트를 통해 생산 IP를 구축하여 신선 농산품의 프리미엄을 높이는 동시에 산둥성 신선한 농산물 산업 벨트의 채굴 및 훈련에 중점을 둘 것이다.

'슈퍼 지방(Super Province)' 프로젝트는 징둥성센이 시작하고 건설한 신선한 식품 패키지로, 신선한 농업 자원이 풍부한 지방과의 긴밀한 협력을 통해 정부, 농업 기업 및 농부는 농산물의 업스트림 생태계를 구축하게 되었다.

플랫폼 측면에서, '기술 + 원산지 IP + 옴니 채널(Omni－channel, 오프라인, 온라인, 모바일 등 다양한 구매채널과 서비스)' 농산물 생산 및 마케팅 통합 개발 모델은 함께 새로운 농촌 재활성화 모델을 탐구하도록 하였다. 인터넷 플랫폼을 통해 산둥성의 고품질 농산물 및 기타 제품이 신속하게 징둥의 네트워크에 합류할 수 있게 되었다.

신선식품 품질의 여부는 앞으로 중국인들의 식탁과 중국산에 대한 신뢰를 책임지게 될 것이다. 더 이상 과거 가짜 달걀, 분유 파동과 같은 이슈가 중국 내부에서 나오지 않아야 한다. 그러기에 중국은 식품에 대한 공급 안전망과 원산지에 대한 재산권을 미리 확보해 나가야 할 것이다.

03

딩당콰이야오(叮当快药)

24시간 약 배달 서비스
디지털 의료는 인간의 삶을 어떻게 개선하는가?

———

밤에 갑자기 아플 때 약이 없다면 어떡해야 할까? 만약 누군가 급하게 내게 필요한 약을 갖다 준다면 얼마나 좋을까? 현재 중국에는 이런 소비자들의 욕구와 문제점을 해결해 주고자 많은 약 배송 서비스들이 생겨나고 있다. 그뿐만 아니라 인공지능 기술을 바탕으로 한 스마트 의료가 점점 보편화되고 있다. 모바일로 의사와 매칭이 되어 원격 진료를 볼 수 있게 되었다. 대표적으로 3억 명의 사용자를 거느리고 있는 핑안 굿닥터(平安好医生)는 빠른 속도로 스마트 의료 분야에서 성장하고 있으며 약 배송까지 담당하고 있다. 이는 과거 중국의 낙후되고 느린 의료 시스템이 짧은 기간에 빠른 속도로 디지털화, 스마트화로 모습이 변천되었다고 할 수 있다. 가장 중요한 의료 분야까지 디지털화, 플랫폼화 시스템이 유연하게 반영된 결과이다.

이번 장에서 살펴볼 플랫폼은 약 배달 서비스 기업이다. 딩당콰이야오(叮当快药)는 2015년 출범한 O2O 기반의 약을 배송하는 플랫폼이다. 약국들과 협력하여 모바일 통해 약을 주문한 필요한 사람들에게 신속하게 배달을 제공하는 시스템으로 이루어져 있다. 애플리케이션에서 약 조제사가 제공하는 약 안전 가이드라인을 통해 약이 제공되고, 28분 안에 배송된다. 또한, 24시간 서비스를 운영하고 있다.

약이 필요한 수요자들에 대한 파악

———

딩당콰이야오는 이미 투자사들 사이에서는 눈여겨보는 기업으로 발전했다. 그 비결은 과연 무엇일까? 딩당콰이야오는 약 200여 개의 유명한 약국들과 FSC(Factory Serviece Customer)라는 약 기업 연맹 건강 서비스 시스템의 구축 관계를 맺었다. 약국들과 산업체인 네트워크를 강화하고 끈끈히 하여 약값을 내리고 품질 좋은 약을 소비자들에게 공급할 수 있도록 하겠다는 것이다.

최근 들어 중국에서 이야기가 많이 나오는 것 중 하나가 체험 중심의 건강 플랫폼이다. 이 목표를 보자면 우선 딩당콰이야오는 수직적 공급망을 기반으로 사람들이 필요로 하는 문제들의 해결점을 찾는 네트워크 생태계를 만드는 것에 목표를 두고 있다고 할 수 있다. 24시간 동안 약을 찾는 사람들의 수요에 맞는 공급이 따라주었다. 현재 딩당콰이야오는 배달원을 대체하며 배송의 효율을 올리기 위해 무인 배달 자동차를 만들어 시범 중에 있다.

그렇다면 어떻게 딩당콰이야오는 '의학 + 약 + 보건 + 보양'이라는 건강 신생태계를 꿈꾸고 있는 것일까? 이들은 과연 어떠한 생태계적 사유를 가지고 있을까? 그들은 사용자 데이터를 심도 있게 분석하여 약에 대한 소비자 수요를 더 발굴하는 데 힘을 쓰고 있다. 그러나 더 깊게 들어가 보면, 약을 복용하지 않는 사람들에게 대한 분석까지도 할 수 있다는 게 이들의 입장이다. 또한, 긴급할 때 필요한 약이 무엇인지에 대하여도 정보를 얻을 수 있다. 딩당콰이야오에 따르면, 밤에 약을 구매하는 비중이 35% 정도 차지한다고 한다.

중국에는 40만 개가 넘는 오프라인 약국들이 있다. 그럼에도 불구하고 왜 딩당콰이야오는 온라인 약국 사업에 뛰어들었을까? 그것은 바로 약을 사려고 하지만 사지 않는 사람들로부터 수요를 발견했기 때문이다. 그들은 의약 시장에는 적어도 5가지의 숨겨진 니즈가 있다고 파악했다. 게으르고, 급하고, 전문적이고, 밤에 필요하며, 느리다는 요소가 사람들에게 충분히 만족되지 않았다고 판단하였다. 그래서 급하게 그리고 빨리 약을 필요로 하는 사람들을 위한 서비스 설계를 하였다. 야오게이리(药给力), 콰이팡(快方) 등 경쟁업체들이 생겨났지만 딩당콰이야오의 가장 큰 강점은 28분 만에 약을 배달하는 스피드라는 것이다. 그래서 디지털 기술을 베이스로 배송을 강화시켰다.

딩당콰이야오 사용자의 페르조나를 정리하면, 긴급하고, 게으르고, 밤에 약이 필요하고, 전문적인 약들이 필요한 사람들이 많았다. 소비자의 페르조나를 정확히 알게 되었으니 온라인 상담을 할 때도 더욱 명확하고 신속하게 사용자 상담을 할 수 있게 되었다. 무엇보다 현재 중국에서 돌고 있는 란런경제(懶人经济, 게으름 경제)에 속하는 사람들에게 이러한 딩당 O2O 약국은 절실히 필요하다고 볼 수 있다. 또한, 주문 샤오판 시스템을 통해 미리 주문이 들어올 약의 수량을 예측하는 인프라를 구축하였고, 스마트 경로 규획 시스템을 통해 배달원들이 적어도 주문 1건당 200m 거리를 오고갈 수 있도록 하였다.

정부가 앞서 주도하는 산업

———

중국은 정부 주도하에 '건강 중국(健康中国)'이라는 슬로건을 걸어 새로운 의료 인프라 건설에 드라이브를 걸고 있다. 이는 중국이 디지털과 의료 체제를 융합하여 더욱 편리한 의료 시스템을 재구축하겠다는 것을 의미한다.

코로나 기간 동안 중국 정부는 '의료보장제도 개혁 심화'를 내놓아 이러한 온라인으로 약품을 구매할 수 있는 제도 장치를 마련했다. 리커창 총리 역시 빅데이터와 의료는 국민의 욕구를 충족시킬 뿐만 아니라 민생 경제를 촉진시키는데 중요한 역할을 할 것이라고 밝혔다. 그들이 추진하고자 하는 것은 더욱 좋고 효율적인 공급망 건설이다. 약 배송 서비스뿐만이 아닌 보건식품까지 제공하는 서비스를 구축하는 것이 목표이다. 또한, 30여 개 도시에 서비스를 확산시키고 1,500개의 약국과 협업하는 것이다.

이미 베이징을 중심으로 딩당즈후이야오팡(叮当智慧药房. 딩당 스마트 약국)을 열어 오프라인 약국도 운영 중이다. 더불어 딩당콰이야오는 제약 산업에 빅데이터 기술을 응용하였다. 빅데이터 기술을 이용하여 도시, 지역, 기후적 특성인 다른 것을 참고하고 각각 약국마다 그에 맞는 정책을 도입한 것이다. 그렇다. 앞서 말한 FSC 약국 연맹 인프라를 기반으로 C2B2M 서플라이 모델을 가지고 온라인과 오프라인에서 약에 대한 데이터를 늘려 가겠다는 것은 대단한 도전으로 비추어진다.

2019년 6억 위안(약 1,003억 원) 투자 유치에 성공한 딩당콰이야오는 신유통을 지속적으로 해 나아가겠다고 선포했다. 오프라인과 온라인의 경계를 허물고 넘나드는 신유통에서 딩당이 어떠한 행보를 보여주게 될까? 현재 고령화 시대의 몸살을 앓고 있는 중국은 고령화를 기회로 삼아 어떠한 건강 산업을 보여줄지 기대된다.

작년 국무원에서는 '인터넷 + 의료 건강'이라는 안건을 발표했다. 정부의 정책 역시 뚜렷하다. 인터넷 플러스 정책을 통한 의료 건강 산업이 더욱 성숙해질 것으로 예상된다. 코로나바이러스 기간 동안 딩당콰이야오의 매일 온라인 주문량은 전년 대비 8배 증가하였고 APP 일일 활동 수도 10배가량 늘었다.

현재 많은 약국이 O2O 비즈니스 모델을 도입하고 플랫폼화하는 도전을 하고 있다. 아마존이 질세라 오래전부터 온라인 약국 필팩(Pillpack)을 인수해 집까지 약을 배달하는 서비스를 제공하고 있다. 이뿐만 아니라 약국 면허를 취득 받아 미국 내 12개 주에서는 병원에서 의사로부터 처방을 받으면 아마존에서 해당 약을 배달받을 수 있게 되었다.

아직까지 우리나라에는 약을 배달해 주는 서비스의 플랫폼은 없지만 향후 우리나라 역시 플랫폼에 대한 법 규제를 개선 및 제약을 극복함과 동시에 새로운 수요를 창출하고 발견하는 것이 숙제다. 앞으로는 온라인을 통한 원격 의료 산업이 부상할 수 있는 잠재력이 있다는 것을 인지해야 한다.

CHAPTER 03

소비, 동영상 스트리밍,
엔터테인먼트

웨이핀후이(唯品会, vip.com)

샤넬도 특가 판매로 살 수 있다.

———

중국 전자상거래들의 대부분의 곤욕을 하나로 뽑으라면 바로 짝퉁 문제이다. 중국 최대의 쇼핑몰 티몰의 경우 100% 정품만을 보장하고 있지만, 타오바오는 과거 짝퉁 문제에 대한 이슈가 있었고 소비자들로부터 여전히 진품, 짝퉁에 대한 의심은 잘 해결되고 있지 않다. 전자상거래는 경쟁력 있고 차별화된 제품도 중요하지만 장기적으로는 제품에 대한 신뢰의 여부가 매우 큰 역할을 한다. 또한, 최근 몇 년 동안 소비자들이 접하는 전자상거래 플랫폼의 수가 많아지면서 플랫폼의 차별화가 시급한 실정이다.

대부분의 전자상거래들이 다양화된 카테고리들을 앞세워 전면적으로 비즈니스를 공략하고 있다. 소비자들의 선택은 점점 더 세분화되고 다양화되었다. 그러나 아직 어떠한 측면에서는 특정한 상품을 구매하기 위해 존재하는 전자상거래만의 고유의 특징들이 아직 남아 있는 업체들이 있다. 그러한 플랫폼들은 자신의 특정 카테고리의 역량을 키워 나아가야만 수많은 전자상거래 경쟁 사이트로부터 뒤처지지 않는다. 따라서 전자상거래 플랫폼의 중요한 부분 중 하나가 바로 명확한 카테고리 키우기이다. 카테고리의 중요성은 타오바오와 티몰이 먼저 말해 주었다. 타오바오가 '모든 것을 싸게 판다'라는 콘셉트였다면 티몰은 '정품 보장의 브랜드 판매'가 콘셉트의 목적이었다.

100% 정품을 보장하는 제도

———

웨이핀후이(唯品会)는 2008년 설립된 중국 최대의 화장품·패션 전문 전자상거래 플랫폼 회사이다. 특가 상품이 주를 이룬다. 웨이핀후이 회원 가입 사용자 수는 3억 2,000만 명이며, 재구매율은 84.4%에 달한다. 2012년에 미국 나스닥에 상장하였다. 웨이핀후이는 앞서 말한 예민한 부분인 가품에 대한 의심을 줄이고 정품을 보장하기 위해 1,000명의 전문 제품 검열 단체를 영입하였고 ISO9001과 ISO22000 인증을 획득하였다.

2020년 3월에 발표된 Quest Mobile의 소규모 프로그램 사용자 순위에서 웨이핀후이는 모바일 쇼핑 업계에서 3위를 차지했으며, 활성 사용자는 6,900만 명에 이르렀다. 웨이핀후이 사용자는 여성이 80%로 대다수를 차지하고 있다. 회원수는 3억 명이 넘는다. 2019년 영업 수익은 900억 위안(약 15조 원)에 달하였다. 중국 매체들은 "웨이핀후이가 다시 살아나는 것인가?"라는 기사를 내며 다시 이 플랫폼에 대해 주목하기 시작했다.

입점사와의 관계를 돈독히 하다

이른바 "핀파이터마이(品牌特卖, 브랜드 특별할인)"라는 슬로건을 걸고 판매를 지속화하고 있다. 매일 오전 10시부터 저녁 8시까지 특가 판매를 진행한다. 현재는 약 3만여 개의 브랜드와 합작하고 있다.

쇼핑을 중심으로 한 전자상거래는 제품에 대한 재구매율이 높아야 한다. 그래야 플랫폼의 거래가 지속성을 띨 수가 있다. 그런 면에서 웨이핀후이의 재구매율은 2019년 87%에 달하였고 97%의 주문 건은 다시 재구매가 겹치는 제품들이었다. 브랜드 특가 판매라는 확실한 콘셉트와 특성이 여성 고객들이 사이트를 재방문하여 재구매하고 싶은 욕구에 영향을 미친 것이다.

과거 폐쇄형 플랫폼에 가까웠던 웨이핀후이는 2018년 5월 정식으로 마켓 플레이스(MP)를 열고 개방형 플랫폼을 공포하고 나섰다. 개방을 계승하고 파트너사와 서로 상생하고 임파워먼트 하는 것을 원칙으로 삼았다.

웨이핀후이는 마켓 플레이스 플랫폼에 입주한 사업자와 플랫폼 자원을 공유한다고 밝혔다. 마켓 플렛이스는 선전, 청두, 상하이, 칭다오 등 전국 주요 도시에 이벤트를 개최하여 사람들의 이목을 끄는 데 집중했다. 또한, 매장은 플래그숍 스토어, 직영점으로 나누었다. 마켓 플레이스 플랫폼의 24시간 판매액은 1000만 위안(약 16억 7,200만 원)을 넘어섰다. elle 브랜드의 경우 38시간 동안 168만 위안(약 2억 8,000만 원)의 매출을 올렸다.

웨이핀후이는 마켓 플레이스를 진행하기 위해 내부에 핵심 군단, 각 카테고리별로 핵심 팀과 빅데이터 분석가들을 결성하였다. 마켓 플레이스 오픈 플랫폼은 이커머스 중심화 플랫폼으로 가는 추세에 맞춰 만들어진 웨이핀후이의 새로운 미래 전략이라 볼 수 있다. 웨이핀후이 마켓 플레이스의 중점 전략 프로그램은 소비자에게 보다 풍부하고 믿을 수 있는 쇼핑 환경을 제공하는 것에 힘쓰고, 사업자에게 동등한 창업 기회를 제공하는 것이다. 과거 폐쇄형에서 개방형으로 플랫폼 문을 연 것은 웨이핀후이의 과감한 도전이라고 보인다.

마켓 플레이스 플랫폼에 사업자가 입주하면, 웨이핀후이는 사업자에게 사용자와의 인터랙티브(interactive. 상호작용의) 문제를 해결하고, 사업자에게 흐름 전환 인터렉티브의 마케팅 경로를 제공하게 된다. 웨이핀후이는 또 입주 때 겪는 문제점을 해결하도록 맞춤형 지원 프로그램을 실시하고, 신규 진입에 따른 저항을 최소화하며, 제3자 사업자를 위한 경쟁 환경을 조성해 브랜드 사업자들에게 유리하게 작용할 수 있도록 하고 있다.

이 플랫폼에는 2018년 말 기준, 1만 개의 매장주가 입점해 있고 상품 SKU(Stock keeping unit) 수량은 500만 개에 달하였다. 그렇다면 마지막으로 묻고 싶다. 마켓 플레이스가 존재하는 이유는 무엇일까? 생긴 이유는 무엇 때문일까? 그것은 바로 웨이핀후이가 입주하는 매장주들과 플랫폼 자원을 공유하는 것이 목표이기 때문이다.

웨이핀후이는 주로 국외 중고가의 럭셔리 브랜드를 판매한다. '명품 할인 + 한정 구매 + 정품 보장'이 웨이핀후이의 비즈니스 모델이다. 2018년 〈포브스〉에서 발표한 글로벌 500대 기업에서 108위 순위를 차지하였다. 단 기간 내에 판매하여 '재고 0'이라는 물류 원칙을 삼았다. 대박의 신화를 내자는 것보다는 제품의 완판의 개념으로 전략을 틀었다.

사업의 다각화

———

웨이핀후이는 소비 금융상품 서비스인 '웨이핀화(唯品花)'까지 만들고 나섰다. 사용자 수는 2,000만 명에 달한다. 아직까지 사람들은 웨이핀화 사용에 대한 의심을 가지고 있지만, 웨이핀후이가 소비 금융까지 자원의 가지를 만들었다는 것에 작은 충격을 받지 않을 수 없다.

웨이핀화는 자세히 말하자면 선소비, 후결제 방식으로 또한 할부 서비스로 물건을 살 수 있는 개념이다. 웨이핀화를 사용한 사람들의 구매 평균율은 40% 이상 올랐으며 사용하지 않은 사람들보다 객단가가 41% 정도 높았던 것으로 나타났다.

사실상 웨이핀후이는 서서히 죽어가는 플랫폼이었다. 그러나 위챗 샤오청쉬와 손을 잡으면서 샤오청쉬가 웨이핀후이를 살렸다는 말이 생겨났다. 그 이유는 무엇일까? 웨이핀후이는 '정품 + 품질'이라는 좋은 이미지가 있었다. 위챗 유입량 10억을 끌어당길 수 있는 샤오청쉬는 웨이핀후이와 임파워먼트 효과를 낳았다. 웨이핀후이는 죽어가는 플랫폼을 텐센트와 합작하며 다시 소생시킨 것이다. 2018년 쌍군절(11월 11일) 하루 동안 샤오청쉬에서만 판매된 거래 건수는 55만 개에 달하였다.

위챗 생태계를 통해서 10억 명 이상의 사람들을 발굴할 수 있는 기회를 찾을 수 있었다. 이 생태계에 들어온 웨이핀후이는 10억이라는 많은 자원을 얻을 수 있게 된 것이다. 웨이핀후이의 샤오청쉬 누적 방문객 수는 1억 4,000명에 달하였고, 일일 평균 22% 증가 효과를 거두고 있다. 또한, 주로 1, 2선 도시에 집중되어 있던 사용자의 범위 또한 대중적으로 확대되었다. 그뿐만 아니라 웨이핀후이 4.19 이벤트 행사 때 위챗을 통해 들어온 남성은 45%를 차지할 정도로 샤오청쉬와의 결합은 큰 성공을 거두었다.

웨이핀후이는 향후 시장의 확장을 위해 남성 카테고리를 만들었고 현재는 화장품 말고도 패션 의류, 가전까지 품목 확장을 하였다. 그러나 웨이핀후이는 핀둬둬와 알리바바 티몰 사이에 샌드위치처럼 끼어서 자신만의 포지셔닝을 잃지 않도록 전자상거래 플랫폼에 대한 지속적인 연구가 필요하다고 볼 수 있다. 우리 또한 새로운 중국 진출을 위해 중국의 쇼핑 플랫폼에 대한 자세한 이해와 다양한 플랫폼에서의 다각화된 참여가 필요하다.

02

아이치이(爱奇艺)

넷플릭스 대신 아이치이가 왔다
중국이 OTT 대제국을 건설하려는 의도는 무엇인가

———

요즘은 텔레비전을 보지 않고 스마트폰으로 모든 영상을 시청하는 시대로 건너뛰어 갔다. 지하철이나 버스에서 많은 사람이 각자 스마트폰에 유튜브를 틀어 재미난 프로그램들을 즐기는 모습들을 볼 수 있다. 중국 베이징 지하철을 타 보면 동일하다. 대부분의 중국인이 스마트폰을 하며 위챗이나 게임을 하고 있다. 출퇴근길에는 전날 못 봤던 드라마나 영화를 보는 모습을 자주 마주칠 수 있다.

세계적으로 모든 Z세대들은 텔레비전이 아닌 유튜브 수저와 모바일 인터넷 수저를 물고 태어났다. 그래서 동영상 스트리밍에 더욱 익숙해진 세대라고 할 수 있다. 더불어 요즘 30~40세대들도 핸드폰을 통해 TV를 시청하는 현상이 잦아지고 있어 스마트폰의 동

영상 스트리밍 플랫폼이 TV를 대신하고 있다.

동영상 스트리밍 플랫폼의 강자라 할 수 있는 넷플릭스의 경우는 중국에 진출하진 못했지만 중국 자체 내에서는 몸집이 큰 내수형 비디오 플랫폼들이 생겨났다. 그중 하나가 바로 아이치이(爱奇艺)다. 바이두 계열의 회사인데 2018년 3월 아이치이는 미국 나스닥에 상장을 성공시키며 글로벌 시장에 한 발짝 도약을 가했다.

중국 최대 OTT 플랫폼

―――――

아이치이는 중국의 고품질 비디오 엔터테인먼트 서비스를 제공하는 플랫폼이다. 2010년 4월 정식으로 출범하였다. '품질을 즐기자'라는 브랜드 슬로건을 내걸고 제품, 기술, 콘텐츠, 마케팅 등 전방위적인 혁신을 적극으로 추진하고 있다. 유료 회원수는 1억 명

이상을 돌파하였고 주로 24세 이하의 사용자가 많으며 최근 들어서는 30세 이상의 사용자 역시 빠르게 증가하고 있다.

중국의 동영상 스트리밍 플랫폼 시장은 무섭게 발전하고 있다. 발전을 넘어 성숙의 단계까지 이르렀다고 해도 과언이 아니다. 넷플릭스나 유튜브가 들어오지 못하고 국내 산업이 성장할 수밖에 없던 탓도 무시할 수 없다. 과거 아이치이는 《별에서 온 그대》, 《태양의 후예》를 방영하여 큰 수혜를 보았었다. 현재도 한국의 드라마 판권을 사들이며 중국 최대의 한류 OTT 플랫폼으로서 자리매김을 하고 있다.

AVC 자료에 따르면, 2019년 52% 이상의 중국 가정에서 OTT를 통해 TV 프로그램을 시청했으며 6억 명 정도 규모의 사람들이 OTT를 이용했다. 중국의 OTT 시장 규모는 2020년 2,000억 위안(약 33조 4,400억 원)을 돌파할 것으로 예상된다.

아이치이의 목적은 사용자들에게 풍부하고 원활한 비디오 경험과 환경을 제공하는 것이다. 또한, '사용자 체험'의 이념을 따라 지속적인 기술 투입과 제품 혁신을 통해 명확하고 우호적인 비디오 관람 체험을 제공하고 있다. 더 큰 야심은 바로 IP(지적재산권) 제국이다. 이는 아이치이가 바라보는 목표뿐만 아니라 중국 전체가 마음에 품은 꿈이기도 하다.

광고주에게도 통하는 아이치이의 핵심 매트릭스

————

사용자 입장뿐만 아니라 광고주 입장에서도 아이치이는 만족할 수 있도록 했다. 광고주가 진정한 품질을 누릴 수 있도록 최선을 다하고 있다. 오픈 플랫폼을 구축하여 파트너의 콘텐츠 생산을 위한 오픈 멀티 서비스 및 데이터를 지원하고 있다. 데이터를 개방하고, 콘텐츠를 사용자와 연결하는 등 콘텐츠 창작과 운영, 마케팅 등 핵심적인 부분에서 파트너를 지원하고 있다.

아이치이는 콘텐츠 제작자들에게 공개되는 버블 매트릭스(泡泡矩阵, 파오파오 매트릭스)를 출시하였다. '버블 매트릭스'는 비디오 콘텐츠 플랫폼이다. 아이치이에 따르면, 이는 개방형 플랫폼과 인공지능(AI) 기술을 핵심 기술로 중점적으로 다루며 콘텐츠 제작자와 연계해 주요 기능을 제공한다고 알려져 있다.

우선적으로 이 버블 매트릭스 커뮤니티에서 접근, 연결을 한 후 모든 콘텐츠를 이 커뮤니티 플랫폼을 통해 게시할 수 있다. 그리고 비디오 콘텐츠 재생 데이터, 사용자 속성 데이터 등을 확인할 수 있다. 즉 운영 효율성을 향상시키는 데 도움을 주고 있다고 알려져 있다. 더불어 'AACAR(Attention, Association, Consensus, Action, Reputation)' 마케팅 방안을 사용하여 기술 플러스 혁신을 더욱 증폭시키고 있다. AACAR은 '스마트, 인터랙티브, 제품 효율성 시너지'라는 마케팅에 초점을 맞추고 있다. 아이치이는 이를 통해 풍부하고 다양한 마케팅 생태계를 구축하려고 한다.

빅애플 트리 모델

———

아이치이가 이토록 성장할 수 있었던 비결은 무엇일까? 그것은 바로 그들의 '빅애플 트리(큰 사과나무)' 비즈니스 모델을 통해 알 수 있다. 빅애플 트리 모델은 기술과 콘텐츠를 기반으로 멤버십, 전자상거래, 게임, 문학 등과 같은 다양한 비즈니스를 파생시키는 데 초점을 두었다. 다시 말하자면, 다각화 된 레이아웃의 수익 모델이라고 할 수 있다. 예를 들어 아이치이의 문학 저작권 자료는 온라인 드라마, 온라인 영화 등 비즈니스와 연결되어 있으며 문학에서 나온 소설 또한 영화나 TV 콘텐츠 또는 애니메이션에 적용된다.

하지만 이러한 큰 사과나무 형태의 모델은 2018년부터 '과수원'의 형태로 한 발짝 더 커졌다.

아이치이의 비디오 스트리밍은 애플 트리 생태 공원의 가장 중요한 부분 중 하나라고 할 수 있다. 성능 또한 다른 플랫폼에 비해 앞서 있다. 그러므로 콘텐츠 배포 수익 또한 증가하였는데 전년 대비 66% 증가한 4억 4,260만 위안(약 740억 원)에 달하였다고 한다.

더불어 아이치이는 그들만의 또 다른 동영상 플랫폼인 수이커(隨刻)를 정식 출시하였다. 중국 매체 신민완보(新民晚报)는 아이치이가 중국판 유튜브를 만들 것이라며 정식 보도를 내었다. 새로 출시한 이 플랫폼은 다양하고 풍부한 비디오 커뮤니티 공간이다. 창작자는 300만 명을 넘어섰고 3,000개 이상의 채널이 개설되었다. 엔터테인먼트, 게임, 웹툰 등 다양한 볼거리 카테고리를 제공하고 있다.

아이치이 수이커(随刻)는 PUGC 기반의 플랫폼으로 기술과 잠재력 있는 콘텐츠들을 중심으로 움직인다. 5G와 인공지능 기술이 뒷받침되어 있으며 360도 회전하여 동영상 시청이 가능하게 하였다. 유튜브에서 리액션이란 콘텐츠로 많은 팔로워를 가지고 있는 독일인 듀크(Duke) 크리에이터는 아이치이 수이커에서 활동하고 있다. 듀크의 콘텐츠를 보고 수이커에서 먼저 합작 요청을 한 것이다. 3년간 유튜브에서 활동한 팔로워의 수를 단기간 사이에 16만 팔로워를 넘어섰다.

더 나아가 수이커는 많은 국외 인플루언서들을 영입하게 될 것이다. 중국 매체들은 '과연 수이커가 중국판 유튜브가 될 수 있을까'라는 기사를 내보냈다. 현재 중국에서도 수이커에 대한 기대는 높다고 할 수 있다. 그리고 필자의 생각으로는 중국이 아이치이 수이커를 통해 향후 거대한 PUGC 콘텐츠 플랫폼 제국을 설립하게 되지 않을까 싶다. 따라서 우리는 중국의 이러한 플랫폼 생태계에 종속되는 게 과연 유익한 것인지 고민하지 않을 수 없다.

아이치이 CEO 공위(龔宇)는 "아이치이의 전략적 초점은 고품질의 독창적인 콘텐츠를 만들고 IP(지적재산권) 중심의 생태 체인을 최적화하는 것이다."라고 말했다. 2019년 아이치이는 월드 회의에서 21개의 애플리케이션을 발표했다. 아이치이 VR, 아이치이 Knowledge, 아이치이 QiXiu Live, 아이치이 Bubble 등이 새롭게 출시되었다. 공위의 말처럼 아이치이는 현재 그리고 앞으로 생태 조건들을 확장하고 더 큰 그림을 그리고 있다는 것을 볼 수 있다. 그들은 10년 내에 글로벌 엔터테인먼트 왕국을 꿈꾸고 있다.

더불어 텐센트와 아이치이가 손을 잡았다는 소식까지 들려온다. 텐센트는 아이치이의 56% 지분을 인수하며 최대 주주가 되었다. 텐센트와 바이두가 손을 잡은 것과 다름이 없다. 이들을 통한 중국 내의 거대한 동영상 스트리밍 왕국이 건설될 것만 같다.

최근 아이치이는 스튜디오와 영화 제작사들과 함께 고유의 IP 를 개발하는 '윈텅(云腾, YUNTENG) 프로젝트'의 공식 출시를 발표했 다. 영화와 텔레비전 IP를 계속 개발하고 고품질 콘텐츠 제작을 주 도하는 프로젝트이다. 사실상 2017년부터 시작한 프로젝트였지만 올해부터 다시 가동을 시킨다는 것이 아이치이의 목표이다.

마지막으로 아이치이가 성장할 수 있었던 원동력으로는 인공지 능 기술을 꼽을 수 있다. 2019년 60% 이상이 인공지능(AI)과 관련 된 특허 기술이었다. 아이치이는 데이터를 통해 TV 시리즈의 트래 픽 및 TV 시리즈의 정확도를 예측할 수 있으며, 정확도는 88%이 며 영화의 정확도는 거의 90%에 달한다고 밝혔다.

앞으로 아이치이는 인공지능 기술 혁신을 바탕으로 한 엔터테인 먼트 기업으로서 성장하게 될 것이다. 더불어 온라인 비디오 산업 을 주도하며 자체 IP 제작에도 많은 성과를 보여 주고자 준비하고 있다.

03

텐센트 학당(腾讯课堂)

랜선 스터디, 연결이 지배하는 세상

———

텐센트의 시각은 모든 것을 '연결'하는 것으로부터 출발한다. 디지털 기술을 통하여 각기 산업을 모두 연결하겠다는 것이 목표이다. 전 세계는 '디지털 연결'을 제창하는 텐센트에 주목하지 않을 수 없게 되었다. 클라우드는 텐센트의 가장 큰 무기 중 하나이다. 클라우드 기술을 통해 게임, 콘텐츠, 메신저 등 다양한 영역에서 활발히 경영의 일각을 내세우고 있다. 앞으로 5년간 클라우드 분야에 5,000억 위안(약 83조 6,000억 원)을 투자할 계획이다.

텐센트는 바로 이러한 자사 고유의 클라우드 능력과 기술을 기반으로 디지털 플러스(디지털⁺) 교육까지 사업을 확장했다. 텐센트 학당(腾讯课堂, 텅쉰커탕)이 대표적인 사례이다. 텐센트는 온라인 교육 플랫폼을 만들어 여러 가지 분야의 강의를 들을 수 있게 하였다. 그리고 원격으로 대학교 강의도 들을 수가 있다.

입주한 기관들은 7만 개가 넘으며 TOP 100위 안에 드는 기관들의 영업 성장 수익률은 62% 정도에 달한다. 주요 수업은 IT, 디자인, 직업 훈련 등이 있으며, 교육 APP 2위를 차지하고 있다. 2020년 중국 온라인 교육 사용자 규모는 4억 명을 돌파했다. 코로나 이후 비대면 교육에 대한 수요가 늘면서 더욱 성장하고 있다.

텐센트는 2020년부터 지속적으로 이 플랫폼에 투자할 계획이라고 입장을 내비치었다. 그 계획을 '101 계획'이라고 부른다. 101 계획은 100억 가치의 자원들을 101개 교육기관에 투자하는 것을 가리킨다. 운영 능력을 규모화하여 기관들이 더 역량을 발휘할 수 있도록 돕는다. 101 계획에서는 기관들에게 예약 판매, 공동 구매 등 기능을 사용할 수 있도록 했다. 커탕핀투완(수업 공동 구매)은 하루 만에 2,000명을 돌파했고 300% 정도 성장률이 증가하였다.

중국에서 기업이 움직이는 바는 정부의 목소리를 대변한다. 중국 재정부는 '온라인 + 직업 기술 훈련 계획'을 발표했고 대규모의 온라인 직업 기술 훈련을 독려하겠다고 했다. 2020년 중국의 온라인 교육 시장 규모는 3,000억 위안(약 50조 1,600억 원)에 달할 것으로 전망된다. 퀘스트 모바일에서 발표한 〈2020년 Q1 중국 이동 온라인 헤이마 순위 보고서〉에 따르면, 텐센트 학당이 일일 평균 기준 활약 사용자 수의 규모가 1위를 차지하였다.

텐센트 관계자는, 중국 텐센트 학당이야말로 과학기술의 힘을 활용해 서비스를 지속적으로 개선하고 중국의 온라인 직업 교육을

업그레이드하고 새로운 일자리 창출을 하여 안정적인 디지털 경제의 가속기 역할을 해낼 것이라고 밝혔다.

텐센트 생태계 자원을 활용한 임파워먼트

2020년, 텐센트 학당은 빅데이터를 통해 플랫폼의 효율을 올리고 있다. 먼저 샤오홍슈(小红书)와 즈후(知呼) 등 소셜네트워크 통로를 통해 팬덤층을 확보할 계획이다. 두 번째로는 빅데이터를 통해 정보 흐름을 발견하여 잠재력 있는 고객을 발굴하는 것이다. 세 번째로는 CRM2라는 계획을 통해 사용자의 사용 주기를 관리하는 것이다.

중요한 것은 얼마나 많은 사람이 이 플랫폼에서 제공하는 수업에 대해 만족하느냐는 것인데 매체의 보도에 따르면 만족도는 98% 이상이라고 한다. 교육을 진행하는 과정에서 수요가 많은 과목에 대한 생태계를 형성하고 교육을 제공하며, 동시에 강사와 수강자들 사이에 끈끈한 유대감을 만든다. 더 나아가 네트워크 효과를 낳으며 더 많은 사람이 참여할 수 있도록 촉진시킨다. 많은 선생님이 편리함을 더욱 중요하게 생각하여 텐센트 플랫폼을 통해 온라인 생방송 수업을 진행한다.

텐센트 학당의 주요 사용자는 1980~90년대 출생자이며 2000년대 출생한 젊은이들도 증가하고 있다. 베이상광선(北上广深, 베이징·상하이·광저우·선전) 도시를 중심으로 사용자들이 집중되어 있다. 향후 2, 3선 도시까지 점점 빠르게 퍼져 나갈 것으로 전망된다. 3, 4선 도시의 경우도 교육에 대한 잠재력이 있기 때문에 중국 내에서도 온라인 교육 시장에 대한 전망을 긍정적으로 보고 있다. 그렇다. 지금 중국에는 온라인 중심의 랜선 교육 열풍이 불고 있다. 특히 이 클래스 플랫폼은 인공지능 기술을 가지고 서비스, 교육, 운영을 결합하였고 스마트 서비스, 스마트 강의 추천 시스템을 열었다. 전면적인 교육 서비스 프로세스를 다룬다. 이로써 기관들의 운영 효율과 전환율이 더욱 올라간다.

텐센트 학당은 산하의 업무 관리 플랫폼인 위러닝(We Learning)을 만들었다. 위러닝은 스마트 교육 솔루션 시스템이다. 이를 통해 통일성과 일관성 있는 교육 관리를 할 수 있게 되었다. QQ에 도움을 많이 받았다고 볼 수 있다. 텐센트 학당은 QQ 사용자의 강점을 활용해 온라인에서 서로 상호작용하면서 교육하고 배울 수 있는 환경을 만들었다. 또한, QQ 뮤직에서 쌓아 왔던 음향 노하우를 통해 고품질의 수업 생방송의 효과를 거둬들었다. 사실 많은 사용자, 70% 정도의 사용자들이 QQ 플랫폼을 통해 텐센트 학당에 유입된다.

2019년 기준, 중국의 직업 교육 시장 규모액은 2688.5억 위안(약 44조 9.500억 원)에 이르렀다. 그중 온라인 직업 교육 시장은 393.3억 위안(약 6조 5.700억 원) 정도였다. 꾸준히 20% 정도 성장하고 있다. 텐센트 학당을 통해 많은 직업 훈련의 학습이 제공되고 있어 취업 준비에 도움을 받는 학생들도 증가하고 있다.

2020년 양회(两会)에 참석한 텐센트 마화텅(马化腾) 회장은 '산업 인터넷 국가 전략 수립 가속화 디지털 경제 육성에 관한 건의(关于加快制定产业互联网国家战略壮大数字经济的建议)'에 대한 안건을 제출했다. 이 건의 중 "온라인 훈련 방면에서 실력 있는 명교사들을 육성하고 교육기관들이 온라인 수업을 할 수 있도록 돕는" 시스템을 마련할 것이라 밝혔다.

앞에서 언급했듯이, 텐센트 학당을 이용하는 주요 사용자들은 젊은이들이다. 1990~95년대 출생자들이 52%를 차지하고 2000년대 출생자들도 증가하고 있는 추세이다. 무엇보다 흥미로운 점은 이 플랫폼의 경우 사용자가 1선 도시보다 2선 이하의 도시 사람들이 약 60%가량 사용하고 있었다.

교육에 대한 중국인들의 갈증은 더욱 커져가고 있다. 때마침 온라인 교육 시장은 블루오션으로 등장하였다. 텐센트의 온라인 교육 시장은 그들이 만들어 놓은 생태계 속 자원과 모두 긍정적으로 맞물릴 수 있다. 샤오청쉬, 위챗, QQ 모두 텐센트가 가진 네트워크 자원들이다. 이 자원들과 맞물린다면 더욱 깊은 가치 창출 효과를 볼 수 있게 된다.

중국에는 "베이징 사람은 공부를 가장 좋아하고, 상하이 사람은 공부, 교육에 돈 쓰기를 가장 좋아하며, 광저우, 선전 사람은 야밤까지 공부하는 것을 제일 좋아한다."라는 말이 있다고 한다. 그렇다. 지금 중국에는 온라인 시스템 기반의 새로운 교육 패러다임이 불고 있다. 2020년 1월부터 7월까지 단 6개월 사이에 3.7만 개의 온라인 교육 관련 기업들이 새로 생겨났을 정도로 이 산업은 중국의 미래 산업으로 육성되어 지고 있다.

우리도 한국의 교육 경쟁력을 온라인 산업과 융합해야 할 때이다. 세계 최고의 교육의 메카는 한국이 아니었던가! 우리도 새로운 온라인 교육 스타트업들이 발굴될 수 있도록 정부에서 지원해야 하며 동시에 더 나아가 디지털 기술을 접목한 새롭고 흥미진진한 온라인 교육 콘텐츠와 플랫폼을 만들어야 하는 시점에 서 있다.

04

QQ

메신저에서 종합 엔터테인먼트 플랫폼으로
QQ 제국이 중국 젊은이들 사이에서 다시 부상하는 이유

———

카카오톡이 나오기 전 우리는 어떤 메신저를 사용했는가? 바로 싸이월드, 버디버디를 사용했었다. 그러나 유물이 되어버린 싸이월드와 버디버디는 더 이상 진화되지 않고 아쉽게도 온데간데없이 사라졌다.

중국의 QQ는 위챗 이전에 생겼던 중국 국민 최대의 대화 메신저였다. 1세대 메신저라고 할 수 있다. 약 10억 명의 사용자를 보유하고 있다. 회사에서 업무도 QQ로 소통할 만큼 중국인들 삶 속에 국민 메신저이다. 흥미로운 점은 최근 들어서는 젊은이들 00허우(2000년대생 출생자), 95허우(95년 이후 출생자) 들이 더욱 많이 애용하고 있다. QQ는 끊임없이 점점 더 자유롭고, 개성 있는 콘텐츠를 발굴하고 있기 때문이다. 비록 1세대 메신저란 이미지가 강하지만 우리나라의 싸이월드, 버디버디처럼 사리지지 않고 계속해서 사업의 포트폴리오를 다각화한 결과이다.

여기서는 단순히 메신저로서의 QQ를 이야기하지 않고 그의 다른 비즈니스 영역에 대해 이야기할 것이다. 바로 QQ의 새로운 플랫폼 계획이다. 우선 현재 QQ는 음악 플랫폼 비즈니스에 다시 박차를 가하고 있다. 원래부터 음악 스트리밍 사업을 시작하고 있었지만 Z세대의 QQ 사용률이 높아지면서 음악 엔터테인먼트 사업에 집중하기 시작한 것이라고 볼 수 있다.

QQ 뮤직 개방형 플랫폼에 입주하면 작품 관리, 작품 마케팅/홍보, 팬들과의 소통, 데이터 관리까지 모두 통제/관리할 수 있다. 이 개방형 플랫폼은 'S제조' 계획을 발표하였다. S제조(Made in S Manufacturing)는 입주한 음악인들을 위해 다양한 서비스를 제공하는 것이다. 콘텐츠 제작부터 마케팅/홍보까지 전방위적으로 개성화된 서비스를 지원한다. 현재 이 S제조에 입주되어 있는 아티스트는 22명 정도 되는데 총 28곡을 발표했고 최고 많았던 시청 조회수는 약 7억 건에 달하고 있다.

QQ 뮤직 개방형 플랫폼은 다양한 콘셉트의 음악들을 받으려고 대회도 개최한다. QQ 뮤직의 음악 라이브러리는 매일 2억 회 이상의 새로운 노래를 재생한다. 이 서비스는 단순히 음악을 재생하고 듣는 플랫폼이 아닌, 아티스트들이 자신만의 음악 콘텐츠를 개발할 수 있도록 하는 데 목적이 있는 플랫폼이다.

이렇게 QQ가 없어지지 않고 오히려 사업을 확장하며 잘 나가는

데는 이유가 있다. 사실상 텐센트 뮤직(TME)이 QQ 뮤직을 보유하고 있는 실질적인 주체이다. 중국 음원 시장의 80%는 텐센트 뮤직이 소유하고 있다. 텐센트 뮤직은 미국 나스닥에 성공적으로 상장하며 중국 온라인 음원 시장의 위력을 보여 주었다. QQ 뮤직 뒤에는 든든한 지원자가 있는 셈이다.

최근 한국 유명 가수들도 QQ 뮤직 플랫폼에 진출하여 다시 K-POP 문화를 휩쓸고 있다. 가수 화사는 1위를 5관왕하고 가수 백현은 200만 위안(약 3억 3,400만 원)의 앨범 판매액을 돌파하였다. 한한령 시기 때 한국 음원들이 중국에 진출하는 길이 막혔었지만 이제는 다시 그 길을 중국이 열고 있는 추세이다.

앞으로 중국의 음악 엔터테인먼트 시장은 전망이 밝다. 디지털 음악 시장으로 트렌드가 바뀌고 있으며 생방송과 함께 더 많은 임파워먼트를 내려고 준비 중이다. 2019년 4분기, 텐센트 뮤직의 디지털 음악에 돈을 소비한 사용자의 수는 약 4,000만 명에 달한다. 전년 동기 대비 47.8%나 증가하였다고 한다. 특히 코로나 이후 많은 가수가 디지털 앨범을 내고 플랫폼을 통해 온라인 활동에 더욱 적극적인 참여를 보이고 있다.

QQ가 그리는 청사진, 음악 콘텐츠 업그레이드

동시에 비리비리, 콰이쇼우와 같은 플랫폼과 합작하여 서로의 자원을 공유하기도 한다. 콰이쇼우와 함께 '음악요원계획(音乐燎原计划)'을 열어 음악 + 쇼트 클립 모델을 선보였다. 이 모델을 기반으로 재능 있는 음악가들에게는 음악 인큐베이션 기반을, 콘텐츠 플랫폼 및 상호 커뮤니케이션 활동을 위한 크로스 플랫폼 활동을 제공할 수 있게 되었다. 비리비리와도 'Cheers Plan(干杯计划)'을 시작했다. 온라인 리소스 지원, 채널 노출, 콘텐츠 홍보까지 음악 전체적인 서클이 돌아갈 수 있도록 하였다.

QQ 뮤직은 새로운 생태를 창조하기 위해 자유롭게 음악 서클을 구성하고 있다. 또한, 더 좋은 음악가들을 배출시키는 통로 역할을 하고 있어 QQ 뮤직을 통한 새로운 중국의 아티스트들이 나올 가능성을 무시할 수 없다. QQ는 플랫폼으로서 끊임없이 젊은이들의 개성적 표현, 상호 커뮤니케이션이 해결될 수 있도록 노력해 왔다. 지금은 젊은이들의 엔터테인먼트 공간이 되었다고 할 수 있다.

더불어 Z세대의 눈길을 끌었다. 중국 매체 〈신주간〉에서 발표한 2019~2020년 중국 인터넷 생활 가치관 순위 중, QQ 뮤직은 연도 최고의 음악 플랫폼으로 순위에 꼽혔다. 〈신주간〉에서는 QQ 뮤직 플랫폼을 젊은이들의 창의가 발현될 수 있는 최고의 엔터테인먼트 공간이라고 평을 날렸다.

그렇다. QQ 뮤직은 다른 음악 스트리밍 플랫폼들과는 다른 차별화 전략을 펼쳤다. 아티스트들이 자신의 곡을 자유롭게 만들고 관리할 수 있도록 했으며, 사용자들이 이에 대해 용이하게 접근할 수 있도록 플랫폼을 개방형 형태로 만들었다. 단순히 음악을 듣고 지나가는 사이트에 지나지 않았다. 이러한 방법이 수요자와 공급자를 서로 만나 상생케 하였다.

QQ 뮤직은 중국 내 음악 시장 점유율의 60%를 차지한다. 미국의 최대 음악 스트리밍 업체 스포티파이(Spotify)를 넘어선다. 앞서 말한 S제조처럼 젊은 음악가를 위한 성장 지원 계획에 중점을 두며, 노래 제작, 작품 홍보에 이르기까지 아티스트를 위한 환경을 제공하며 장기적으로 성장할 수 있도록 발전을 돕고 있다.

QQ 뮤직, 더 나아가 이 플랫폼의 진정한 소유자 텐센트 뮤직은 고품질 오리지널 음악 콘텐츠의 중심 허브로서 중국의 음악 엔터테인먼트의 성장을 지원하고 있다. 2019년 텐센트 뮤지션의 연간

방송량은 전년 대비 거의 두 배 증가한 2,000억 건을 돌파하였다. 앞으로 QQ 뮤직과 뮤지션들은 중국 음악의 새로운 청사진을 만들 것이다. 결국 플랫폼을 통해 콘텐츠와 뮤지션이 성장할 수 있는 길을 넓혀가고 있다.

끊임없는 비즈니스 확장

2019년 하반기에 QQ는 소형 게임 플랫폼 서비스를 출시했다. 일명 미니 게임 센터이다. QQ 미니 게임 센터는 중앙 집권 유입량을 통해 게임 유입을 시키고 있다. 또한, QQ 옆에는 10억 명의 유저를 가진 위챗이 있기 때문에 서로 네트워크 효과를 창출할 수 있다. QQ 센터 내에서 게임을 다운받지 않고 바로 게임을 할 수 있어 편리하다. 앞서 언급했듯이, QQ 뮤직도 사실상 텐센트에 속하고 게임 분야 역시 QQ 단독만의 것이 아님을 알아야 한다.

텐센트는 QQ 게임 말고도 2개의 위챗 게임 플랫폼을 보유하고 있다. 텐센트의 게임 사업은 2020년 상반기 2분기 동안에만 30% 이상 성장하였다. 그리고 전 세계 게임 시장에서 중국 게임의 점유율은 35% 이상을 차지한다. 미국이 30% 정도인데 미국을 훨씬 뛰어넘으며 빠르게 모바일 게임 중심으로 성장하고 있다. 음악, 게임 분야를 뛰어넘어 QQ는 사물인터넷 플랫폼을 운영하고 있다. APP와 QQ 아이디가 연결되어 사물인터넷 작동이 가능하다. 웨어러블 기기, 스마트 홈, 스마트 자동차에서 실행이 가능하다.

사실상 QQ는 2014년부터 이 사물인터넷 하드웨어 개방형 플랫폼을 만들겠다고 선언하고 나섰었다. 억련계획(亿联计划)을 세워 100억의 유입과 자원을 투입한다고 밝힌 적이 있다. QQ의 사물인터넷 계획의 목표는 사물 간의 상호 연결뿐만 아니라 서비스 간의 초연결 또한 이루겠다는 것이다.

QQ를 보유하고 있는 텐센트가 텐센트윈(腾讯云, 텐센트 클라우드)을 통해서 사물인터넷 네트워크를 만들고 있어 기업이 중요시하는 '연결'이 더욱 주목을 받고 있다. 텐센트는 혼자 사물인터넷 세상을 만들기보다는 협력사들, 개발자들과 함께 TTN(Tencent Things Network) 플랫폼을 통해서 연결된 세상을 만들겠다고 포부와 비전을 발표하였다. 그들이 만드는 초지능화된 사회가 어떤 모습일지 기대가 된다. 그리고 그 안에서 QQ는 어떠한 행보를 보일지 기대된다.

생방송 서비스까지 선보여

———

QQ도 생방송 서비스를 도입하여 라이브 이커머스 시장에 합류하였다. 중국 최대의 쇼핑 행사 중 하나인 618에 간쑤성, 후베이성, 우한 등 오프라인에서 푸드, 패션, 뷰티 제품을 홍보 및 판매하였다. QQ의 입장은 '온라인 + 오프라인'을 결합하여 플랫폼의 운영 규칙을 만들고자 하는 것이다. 단순히 오프라인에서 온라인 공간으로의 이동이 아닌, 오프라인 시장을 살리며 온라인에서 소비자들에게 편리를 제공하겠다는 의미이다. 오프라인, 온라인 둘 모두의 생태계 기반 시스템이 독립적이면서 연결되는 데 목적을 두고 있다.

텐센트가 제공할 수 있는 자원들은 많다. 위챗 공중하오와 샤오청쉬를 통해 사람들과 기업들의 유입을 이끌어 진입 장벽을 낮출 수 있다. 라이브 커머스가 폭발적으로 급증하는 이 시기에 텐센트는 또다시 새로운 기회를 잡으려고 한다. 그러나 이러한 새로운 기회가 더 이상 소유의 독점이 되어서는 안 된다.

05

틱톡(TikTok, 抖音, 더우인)

세계 최대 Z세대 놀이 생태계
틱톡은 어떻게 세계적인 샛별이 되었나?

———

요즘 대세는 쇼트 클립이다. 쇼트 클립은 10초 분량의 짧은 동영상으로 전 세계 사람들이 사용하는 하나의 표현 도구, 커뮤케이션 도구가 되었다. 쇼트 클립 분야에서는 역시 중국이 앞서가고 있다. 2019년 중국의 쇼트 클립 시장 규모는 1,000억 위안(약 16조 7,200억 원)에 달하였으며 사용자 수는 6억 명을 넘어섰다. 중국인 인구의 반 정도가 쇼트 클립을 사용하고 있다.

잠시 중국의 히스토리를 보면, 그들은 인터넷 뱅킹보다는 바로 모바일 뱅킹의 시대로 들어갔었으며 그것도 QR 코드를 통한 모바일 결제 시스템의 단계로 껑충 뛰어넘었다. 동영상 시대도 마찬가지다. 남들은 유튜브와 같은 긴 동영상 스트리밍에 의존하고 있을 때, 중국은 Z세대 눈높이에 맞추어 오히려 짧고 재밌는 더 효율적

인 영상 콘텐츠를 만들어 냈다. 그리고 이제 이는 중국의 강력한 필살기가 되었다.

틱톡은 중국이 만들어 낸 창작물 중 세계에 영향력을 가장 잘 미치고 있는 콘텐츠로 뽑을 수 있다. 틱톡은 한국의 연예인들 사이에서도 많이 사용되고 있다. BTS는 신곡을 틱톡에서 발표했으며 유명 스타 비, 이효리, 유재석 등 국내 연예인들도 틱톡에 자신들의 음악과 콘텐츠를 공유하고 있다. 최근 틱톡은 한국 시장에서 틱톡 마케팅에 대한 열렬한 홍보를 하고 있기도 하다.

틱톡은 인공지능 기반의 콘텐츠 기업인 바이트댄스(Bytedance, 字节跳动)가 만든 쇼트 클립 영상 플랫폼이다. 이 플랫폼은 음악과 함께 짧은 동영상을 만들어 교류하는 하나의 소셜네트워크라고 볼 수 있다. 2016년 오래전 출시했지만 2019년 중국 100대 브랜드 안에 들 정도로 급격히 성장한 기업이자 플랫폼이다. 문화적인 파급력이 강하다. DAU(일일 활성 사용자 수) 지수 4억을 돌파했다. 매년 체크인하는 규모는 6억 6,000만 번에 달한다고 한다. 짧은 비디오의 쇼트 클립이 주이지만 이제는 긴 영상 비디오를 목표로 두고 있다.

틱톡에는 다양한 동영상 콘텐츠들이 올라온다. 세대별로 좋아하는 동영상의 콘셉트가 다르다. 2000년대생은 애니메이션 느낌이 나는(二次元) 관련 비디오를 좋아하며, 90년대생은 여행의 풍경을 좋아하며, 80년대생의 경우는 아이와 함께 촬영한 비디오를 선호하는 편이다. 틱톡은 플랫폼을 바탕으로 지식, 예술, 문화유산을 포함한 많은 콘텐츠에 노력을 기울였다. 사람들이 틱톡에 올리는 영상 콘텐츠를 통해 중국 내수 안에서는 이 플랫폼이 중국 최대의 문화를 보급하는 플랫폼이 되었다.

앞서 말했듯이 처음에 틱톡은 짧은 동영상에 포커스를 맞추었지만 이제는 영상의 기록 시간을 길게 늘려 긴 기록물 영상을 담는 것으로 방향을 전환하기 시작했다. 그래서 2019년부터 틱톡은 15분 분량의 비디오를 개방하였고 제작자 서비스 센터를 시작하여 더욱 풍부하고 다양한 콘텐츠 생태계를 구축할 수 있도록 하였다.

틱톡의 발전 중 가장 큰 특징은 전자상거래와 결합한 것이다. 콘텐츠와 전자상거래의 응용 결합이 상업적으로 실현되었다. 현재 틱톡에서 상점을 운영하고 있는 이른바 틱톡 상인(抖商. 더우샹)의 수는 점점 증가하고 있고 더우샹 대학까지 생겼다. 틱톡의 행보는 단순히 콘텐츠와 데이터를 모으기 위한 수단뿐만 아니라 이를 통한 지적재산권(IP)를 구축하는 숨겨진 의도도 담겨져 있다고 볼 수 있다. 틱톡에는 그만큼 재밌고 흥미로운 자신만의 콘텐츠들이 끊임없이 창출되고 있다.

중국에서는 틱톡의 경쟁자 콰이쇼우(快手)와 비교하며, 콰이쇼우는 웨이상을 잡았고 틱톡은 타오바오몰 상인들을 잡았다고 한다. 또한, 틱톡은 판매자 쇼(보여주기) 중심의 광고라면 콰이쇼우는 구매자 쇼 중심에 더 가깝다. 틱톡 판매자 쇼 중심의 경우, 브랜드 입장에서 틱톡이 갖추어 놓은 쇼트 클립 콘텐츠와 상점 기능으로 시너지 효과를 볼 수 있게 하여 퍼포먼스 마케팅을 가능케 하였다.

왕홍들과 합작하여 시너지 효과

틱톡은 짧은 비디오 콘텐츠 플랫폼을 고수하면서 전자상거래 부분의 빠른 개발도 늦추지 않고 있어 생태계를 더욱 조밀하게 만들어가고 있다. 틱톡을 통해 인터넷 유명인으로 자신을 육성하는 방법, 팬을 빠르게 끌어들이는 방법 또한 플랫폼을 통한 수익 창출과 연결되어 있다. 동영상 콘텐츠를 통해 개인 지적재산권을 축적할 수 있도록 돕는다.

더불어 틱톡은 알리바바와 관계가 가깝다. 2019년 6월 LatePost 보고서에 따르면, 틱톡과 타오바오는 광고 60억 위안(약 1조 원), 전자상거래 수수료 10억 위안(약 1,700억 원)을 포함하여 70억 위안(약 1조 1,700억 원)의 연간 기본 계약을 체결했다고 한다. 알리바바에게 있어 콰이쇼우는 경쟁자이며 틱톡은 긴밀한 협력 친구의 관계라고 할 수 있다.

약 3,000명의 연예인들이 틱톡에서 활동하고 있다. 약 50%가량의 검색은 연예인과 관련이 있으며 이를 통해 많은 유입이 몰려온다. 그래서 틱톡은 브랜드 마케팅의 중요한 일환이 아닐 수 없다. 아디다스, 아우디, 샤오미 등 브랜드와 틱톡은 합작하여 브랜드관을 만들었으며 '틱톡란 V기업 계정(抖音蓝V企业号)'은 2018년 6월에 출시되었다.

점점 더 많은 브랜드가 틱톡에 필수적으로 입점을 하고 있어, 이제 연예인/인플루언서 콘텐츠 + 브랜드 홍보는 아주 중요한 비즈니스 모델이 되었다. 더불어 인플루언서의 경우, 이미 6만 명의 규모가 자리를 차지하고 있으며 3,000만 명의 웨이상들이 틱톡으로 몰려왔다. 그들은 끊임없이 새로운 비즈니스 모델과 잠재된 자원의 개발을 지원하고 플랫폼 경제와 공유경제의 건전한 성장을 촉진할 것이다.

틱톡은 창작자 시대를 열어 크리에이터들이 플랫폼 내에서 더 많은 수익을 창출하도록 돕고 있다. 쇼트 클립 플랫폼의 가장 중요한 자원은 사람이다. 사람을 통해 콘텐츠를 송출하며 이를 자아 표현의 한 도구로써 참여를 촉진시키는 것은 플랫폼 내 적극적인 플레이로 이어진다. 틱톡의 근본도 사람으로부터 시작한다고 볼 수 있다. 틱톡 마켓 책임자 스치옹(史琼)에 따르면, 틱톡 플랫폼은 미래에 100억 위안(약 1조 6.700억 원) 규모의 유입 자원을 투입할 것이라고 밝혔다. 이 정도의 규모를 통해 크리에이터들이 800억 위안

(약 13조 3,700억 원)의 수익을 창출할 수 있도록 도울 것이라고 하였다. 지난해부터 진행해 온 '크리에이터 성장 계획'의 목표 아래, 적어도 1,000만 명의 크리에이터들이 이 목표를 달성하였다. 현재까지 2,200만 명의 크리에이터들이 417억 위안(약 6조 9,700억 원)의 수익을 창출하였다.

또한, 5G 시대가 열리면서 플랫폼의 전파가 더욱 활발히 이루어질 것이다. 더우상 직업 훈련을 하는 클래스도 많이 운영되고 있다. 실제로 틱톡은 많은 취업을 창출하였다. 2019년 8월부터 2020년 8월 1년 사이, 대략 3,617만 개의 직업을 만들었다. 베이징, 상하이 등 1선 도시에서 취업 준비를 하는 90허우 시대가 아닌 고향에서 꿀을 파는 장쥔쥐에(张俊杰) 90허우의 사례를 보면 알 수 있다. 그녀는 고향으로 돌아가 꿀을 판매하는데 이미 255만 명의 팔로워가 있고 수입도 훨씬 짭짤하다.

틱톡은 산업 변화에 영향을 미쳤다. 돈을 벌고 싶은 사람들이 틱톡으로 몰리고 있다. 엔터테인먼트 + 전자상거래 비즈니스 모델은 많은 사람을 플랫폼으로 몰리게 만들었다. 사람들, 즉 사용자들은 흥미로운 콘텐츠를 볼 수 있는 선택권이 더욱 많아졌다고 볼 수 있다.

중국의 많은 자영업자, 미디어 사용자들에게 있어 더우상은 새로운 이미지와 비즈니스를 보여줌으로써 점점 더 많이 증가하고 있다. 2020년 400만 개가 넘는 중소기업들이 틱톡에서 기업 계정을 만들었다. 그중 20명 이하의 중소기업 비중은 77%를 차지한다. 코로나바이러스 기간 동안은 많은 요식, 패션, 미용 사업자들이 틱톡을 통해 생방송을 실시했다. 음식업체의 생방송 공유 수량은 2월 한 달 만에 283% 증가하였다.

사람들은 운동하는 모습도 플랫폼을 통해 생방송을 하며 집에만 있어서 서로 심심한 사람들의 무료함을 달래주기도 하였다. 밖에 나가지 못하는 사람들 위한 벚꽃 축제 이벤트 영상도 방송하며 다양한 장르에서 활동할 수 있도록 하여 플랫폼의 전면적인 유연함을 보여 주었다. 오히려 죽어가는 사업을 살리는 중요한 창구의 역할을 톡톡히 해내었다고 볼 수 있다. 즉 기업, 생산자, 소비자가 서로 상호작용하여 플랫폼에 참여할 수 있도록 환경을 마련하였다.

CHAPTER 04

무인상점, 소셜네트워크
전자상거래

| 무인상점 플랫폼 |

빙고박스(Bingobox, 缤果盒子)

언컨택트 무인 오프라인 매장이 뜨고 있다

———

무인 슈퍼마켓, 무인 편의점의 등장은 이제 그리 놀랄 풍경이 아니다. 포스트 코로나 시대에 '무인'이란 개념은 매우 중요한 화두로 떠올랐기 때문이다. 이제는 사람에 의존하지 않으면서 생산과 효율을 올려야 하는 시대가 왔다. 사람 없이도 기업의 시스템이 흘러갈 수 있는 운영 체제를 만들어야 하는 때가 도래하였다.

언택트 시대에 맞추어 로봇, 무인화에 대한 다양한 연구가 점점 증가하고 있다. 2020년 중국의 무인화 시장은 650억 위안(약 10조 8.700억 원)에 달하였다. 무인 호텔, 무인 슈퍼마켓, 무인 식당이 하나의 트렌드로 이미 자리를 잡았다. 환경이 급속도로 빠르게 변화하고 있다. 그리고 그 환경 변화에 대한 우리의 반응 또한 달라지고 있다. 기술이 발전하면서 환경의 변화에 따른 다른 형태를 지닌 사물, 공간들이 생겨났다. 이제 무인 점포, 무인 편의점은 점점 더 일상화되어 갈 것이다. 한국도 을지로에 GS25 스마트 편의점을 열었다. 얼굴 인식뿐만 아니라 행동 인식으로 물건을 얼마만큼 고르는지 분석한다. 이마트도 24self라는 무인 편의점을 운영하고 있다.

이웃 나라 중국은 어떠할까? 이번 장에서는 빙고박스에 대해서 이야기하고자 한다. 빙고박스는 2016년 처음 광둥성 중산(中山)에 문을 열었다. 빙고박스는 무인 편의점에서 이루어지는 판매 현황을 실시간으로로 체크하고, 빅데이터와 머신러닝을 따라서 상품을 선별 및 구별하는 시스템을 갖추고 있다. 24시간 운영되는 무인화 편의점이다. 주로 광둥성, 상하이, 남방 지역에 설치되어 있으며 약 500개의 무인 편의점을 운영하고 있다. 그러나 단순한 무인 편의점의 형식적인 공간을 뛰어넘어 사용자 경험과 소비에 관한 빅데이터를 쌓고 이를 활용하는 것이 비즈니스의 핵심이다.

빅데이터 방면에서 빙고박스는 스마트 관리를 통해 소비 데이터를 시각화하고 있다. 또한, '클라우드 + 사물인터넷' 기술을 통해 새로운 오프라인의 유입량을 쌓는다. 빙고박스의 사물인터넷 개방형 플랫폼은 스마트하게 계산대 하드웨어를 제어하는데 불빛과 온도, 시간, 사람 흐름에 따라 자동으로 조절한다. 빙고박스의 목적은 단순 무인화 공간을 넘어선 스마트 공급 체인을 설립하는 것이다.

무인 상점과 기술이 만나다

———

빙고박스는 소프트웨어와 하드웨어가 일체화된 스마트 플랫폼을 건설하고 있다. 공급체인 관리 면에서, 판매자는 더 이상 재고 관리에 대한 부담을 갖지 않아도 된다. 스마트 공급 체인은 상품 유통의 속도를 높였다고 볼 수 있다. 빙고박스의 스마트 공급 체인은 실시간으로 판매 상태를 체크할 수 있게 되었고 빅데이터, 머신러닝에 따라서 스마트하게 상품을 초이스하고 재고를 충족시키며 심지어 프라이스 정책까지 현명하게 할 수 있도록 하였다.

빙고박스의 CEO 천즈린(陈子林)은 이렇게 표현했다. "빙고박스의 생태계는 아주 정확하고 연쇄적인 빅데이터 시스템을 가지고 있다." 이 말의 의미는 빙고박스는 단순히 사람이 없는 무인 편의점이 아니라 빅데이터에 의해 운영되는 스마트 슈퍼마켓이라는 것을 뜻한다. 또한, 빅데이터 분석에 의해 보다 효율적이고 스마트한 상품 공급이 이루어진다는 것을 의미한다. 따라서 이러한 스마트 공급 체인 능력은 상품의 경쟁력을 결정하고 유통의 효율성을 높여 준다.

중국의 무인 슈퍼마켓은 온라인과 오프라인의 혁신적 결합이라는 신유통 영역에서 나왔다고 할 수 있다. 소비 수준이 올라가고 인공지능 기술이 발달하면서 색다른 소비의 경험이 새로운 수요 프레임을 필요로 하게 되었고, 새로운 펑커우(风口. 대박의 출구 전략)를 촉진시켰다. 빙고박스 관계자는 무인 편의점이야말로 이 시대에 새로운 표현 방식이라고 밝혔다. 또한, "새로운 소비 장면이며, 산업을 최적화시켰고 상업이 진화될 수 있도록 만드는 데 도움을 주었다."라고 말했다.

빙고박스는 기술의 혁신을 통해 남들과 다른 비즈니스 장소를 만들었고 적은 자본으로 24시간 운영할 수 있는 공간을 만들었다. 2018년 빙고박스는 이미 베이징 인민정부, 텐진, 란저우, 청두 등 지방정부와 협력하여 계약을 체결했다. 빙고박스는 고효율 저자본을 중심으로 무인 편의점을 운영하는데 무인 2.0 버전을 발표했다. 이 2.0 버전은 더 이상 RFID(무선 인식)를 사용하지 않는 것이다. 대신 카메라, 감응 신호 장치를 통하여 상품을 인식하고 계산한다. 이로써 운영비 30%를 절감하고 있다.

빙고박스는 'Bingo mini'라는 이미지 식별을 통한 계산 시스템을 출시했다. 고효율적인 상품 유통 네트워크를 만들려고 하는 것이다. 운영 방면에서, 현재 7명이 모인 팀이 40개의 점포를 운영 관리하고 있다. 창업자 천즈린(陈子林)은 앞으로 7명이 동시에 80개 점포 정도는 운영 관리할 수 있을 것이라 말했다. 매장 수 대비 적은 인원으로 운영할 수 있다는 장점이 있다.

빙고박스는 다른 전통적 편의점에 비해 상품이 5% 저렴하다는 장점이 있다. 구체적으로 다시 보자면 이렇다. 빙고박스의 경우 운영 비용이 절감, 적다는 점에서는 다음과 같다. 빙고 박스를 설치

할 때 어떤 장소에 의지하지 않고, 주변 작은 소규모의 공간을 활용한다. 한마디로 짜투리 공간을 활용하는 것이다. 소규모 설치 방식은 빙고박스가 비교적 유연한 비즈니스 요소를 갖추고 있다는 것을 말해 준다.

무인 상점은 사람을 고용하지 않으므로 따라오는 운영 절감 효과가 있다. 또한, 사실상 인력 자본이 가장 많이 차지하는 유통점은 용후이(永辉), 월마트와 같은 대형 마트가 아니라 그보다 작은 소가게, 소마트들이 해당된다. 빙고박스는 작은 소가게를 통해서 50% 이상이나 차지하는 인력 자본을 절감했다.

2017년 빙고박스는 '샤오판 FAN AI' 인공지능 기반의 문제 해결 기획안을 발표했다. 샤오판 FAN AI 중, 이미지 식별 기술은 RFID 전자 표시를 대신하였고 상품 바코드에 사용되는 자본과 인력을 절약했다. 빙고박스의 이미지 식별을 통한 계산대의 정확도는 99%에 달한다. 그뿐만 아니라 FAN AI는 시각 능력, 듣기 능력, 언어 능력 이 3가지에 초점을 맞추어 기술을 키워가고 있다. 미래에 중국 내 세워지는 무인 편의점, 무인 상점들은 빙고박스의 샤오 FAN AI처럼, 인공지능 식별 기술을 활용한 언택트 디지털 공간들이 많이 생겨날 것이다.

미국의 대표적인 무인 상점 아마존 고(Amazon Go)뿐만 아니라 월마트도 샘스클럽(Sam's club) 나우를 오픈했다. '스캔하고 매장을 나가면 된다'라는 의미에서 '스캔앤고' 앱을 이용해 상품 검색부터 계산까지 모든 시스템을 한 번에 해결할 수 있도록 하였다.

아마존 고와 차별화된 서비스 요소라고 한다면 바로 앱에서 자신이 찾는 물건의 위치를 알려주는 것이다. 샘스클럽 CEO 말에 따르면, 앞으로 증강현실, 인공지능을 통해 쇼핑의 경험을 완전 재구성할 것이라고 밝혔다. 향후 사람 없이도 운영과 쇼핑이 가능한 스마트 무인 점포의 바람이 증가할 가능성이 높으며 따라서 소비의 형태는 점점 더 스마트한 편리함을 추구하게 될 것으로 보인다.

샤오홍슈(小红书)

일상을 동영상으로 공유하고 쇼핑하다
한국 연예인들도 찾는 중국의 쇼핑 인스타그램

———

이제는 누구나 온라인상에서 채널을 열고 개인 방송을 할 수 있는 시대이다. 여기서 채널이란 대중들과 소통할 수 있는 나만의 온라인 공간을 가리킨다. 대표적으로 인스타그램이 바로 그런 시대를 열었다. 한국에 있어도 미국 뉴욕에 있는 사람들을 나의 팬으로 만들 수 있다. 반대로 미국에 있어도 한국에 팬덤층을 보유할 수 있는 세상이 되었다. 그만큼 사람과 사람 사이에는 유기적 관계가 형성되었고 접점이 끈끈해졌다.

페이스북 이후로 사람들이 가장 활발하게 이용하고 활동하는 소셜네트워크 플랫폼으로서 쇼핑하기 기능까지 있어 기업들 또한 팔로워들과 소통할 수 있는 가장 좋은 입구이다. 물론 중국에서는 인스타그램이 만리 방화벽에 막혀 사용하지 못하고 있지만 국외에서 유학을 하는 중국인들은 자국 내 소셜네트워크보다 인스타그램을 더욱 활발하게 사용하고 있다.

글로벌 기준, 인스타그램 인플루언서들의 영향력이 가장 높은 것으로 알려져 있다. 그러나 중국의 기준으로 돌아가 살펴보면 이것은 전혀 상관없는 일임을 알 수 있다. 중국에서는 여전히 중국판 인스타그램을 사용해야 한다. 이번 장에서는 그런 중국판 인스타그램을 살펴볼 것이다.

바로 샤오홍슈는 'UGC(User Created Content, 사용자 제작 콘테츠) + PGC(Professionally-generated Content. 전문 제작 콘텐츠)'가 결합된 소셜 커머스 플랫폼이다. 샤오홍슈의 슬로건은 "나의 생활을 기록하자(标记我的生活)."이다. 커뮤니티 안에서 나만의 쇼핑 경험을 남기고 그것을 다른 사람들과 공유하자는 콘셉트를 가지고 있다.

2019년 3월 기준 샤오홍슈 사용자의 수는 약 3억 명을 넘어섰다. 이 플랫폼의 사용자 70%는 밀레니얼 세대인 90허우가 주를 이루고 있다. 또한, 79.2%의 사용자들이 1, 2, 3선 도시에 집중되어 있다. 이들은 상·중위 및 그 이상의 소비력이 높은 고객층으로 샤오홍슈에 입점되어 있는 브랜드사들의 타깃 고객이기도 하다.

한국 연예인들도 찾는 플랫폼

———

샤오홍슈 커뮤니티에 매일 하루 기록되는 콘텐츠의 수는 30억 건에 달한다. 그중 70%는 UGC가 점유하고 있다. 한 달 동안 해당 서비스 이용자 수(MAU: Monthly Active Users)는 8,500만을 넘어섰다.

사실상 샤오홍슈는 여성들을 위한 플랫폼이다. 남성이 차지하는 비율은 10%, 여성은 90%이기 때문이다. 한국의 연예인들도 회원으로 가입하여 활동하고 있다. 심지어 국민 여배우 이영애까지 샤오홍슈에 자신의 활동 동영상을 올리며 중국 팬들과 소통한다. 그뿐만 아니라 유명 배우인 이다해의 경우는 중국어로 뷰티 콘텐츠 영상을 찍어 올려 인기몰이 중이다.

중국 국민 배우 판빙빙도 채널을 통해 자신의 뷰티 비결을 알려주며 팬들과 소통하고 있다. 중국 젊은이들 '10명 중 9명은 샤오홍슈로 마케팅한다'라는 말이 있을 정도이며 연예인, 인플루언서, 브랜드사들에게는 필수적인 마케팅 도구가 되었다. 특히 브랜드사에게 있어 샤오홍슈 플랫폼 내에서의 인플루언서들의 제품 사용 홍보는 구매를 좌지우지하는 중요한 의미를 지니고 있다.

비싼 인플루언서들이 동영상을 올려줄 경우, 최소 한 번에 2만~3만 위안(약 330만 원~ 500만 원)을 받는다. 그럼에도 불구하고 샤오홍슈를 통해 인플루언서 마케팅을 하는 이유는 샤오홍슈가 '쫑차오(种草, 친구의 추천을 받아 물건을 구매하는 행위)' 커뮤니티적 특성이 강하기 때문이다. 또한, 후기에 대한 의존도가 높은 편에 속한다. 소비자들의 입장에서는 제품을 보다 신중하게 알아보고 살 수 있어 신뢰할 수 있는 플랫폼적 요소를 갖추고 있는 것이 한몫했다. 특히 외국 상품을 구매할 때 샤오홍슈 제품 사용 동영상을 보고 사는 경우가 많은 것이 특징이다.

샤오홍슈는 3억 달러(약 3,260억 원) 규모의 투자를 받았으며 기업가치는 30억 달러(약 3조 2,600억 원)에 달한다. 순전히 나만의 쇼핑 일상을 동영상으로 기록함으로써 새로운 라이프스타일 문화 생태계를 만들었다고 볼 수 있다. 그래서 샤오홍슈는 중국 내 거의 유일무이한 사용자 기반의 영상 콘텐츠 쇼핑 플랫폼이라고 할 수 있다.

샤오홍슈에서는 주로 화장품과 관련된 뷰티 제품이 잘 팔리고 있다. 키워드 분석을 보면, 립스틱, 향수, 마스크팩, 미백, 선크림이다. 스킨케어보다는 색조화장품의 판매가 더 강하다. 진르토우탸오 데이터에 따르면, 41%가 색조화장품과 상관성이 높은 것으로 나왔고 스킨케어는 11%였다.

샤오훙슈 CEO 마오원차오(毛文超)는 플랫폼에 입점한 약 3만 개의 브랜드를 관찰한 결과 90허우, 00허우 중심으로 일어나는 신소비를 언급했다. 신소비의 본질은 새로운 젊은 세대들의 소비 관념이 변화되고 있다는 것을 반영한다. 디지털 기술의 흐름 속에서 온라인의 새로운 비즈니스 모델, 소셜네트워크를 기반으로 한 새로운 소비자 행동을 뜻한다.

샤오훙슈는 소비자에게 브랜드의 정서를 연결하는 플랫폼이다. 같은 감정과 느낌을 공유하고 애착 관계를 형성하도록 이끈다. 다시 말해 충성도로 이어지도록 하는 구조이다. 마오원차오는 결국 상품과 콘텐츠에 대한 공감이 샤오훙슈의 신소비를 불러일으켰다고 말한다.

플랫폼은 하나의 도시이다!

———

샤오홍슈는 중국 젊은이들에게 대체할 수 없는 일상적인 라이프 스타일 플랫폼이자 인기 있는 소비자 의사 결정의 진입점이 되었다. 샤오홍슈는 소셜네트워크 플랫폼의 관점에서 보다 더 나은 삶에 대한 갈망과 추구를 동영상 콘텐츠로 표현하였다. 사람들의 니즈와 기업의 공급을 연결하기 위한 플랫폼 구축을 늘 갈망하고 있다.

그들은 자신들의 플랫폼 커뮤니티를 '도시'에 정의하였다. 도시는 공동체를 가리킨다. 사용자를 위해 가치를 창출하는 방법과 제품으로 인한 사용자가 변경될 것이라 했다. 그들이 말하는 커뮤니티, 즉 공동체는 도시이다. 샤오홍슈는 젊은이들이 사는 도시이다. 제품과 사용자의 관계는 도시와 도시 거주자의 관계에 비유하였다. 또한, 콘텐츠들의 변화와 사용자들을 주민에 비유하였다. 이러한 도시 풍경 속에서 사람들이 서로서로 왕래하는 장면이 샤오홍슈가 생각한 커뮤니티의 모습이다.

다음으로는 도시에서 가장 중요한 것은 사람들의 유동성을 플랫폼 안에 접목하였다. 유동인구가 많을수록 도시는 도시로서 인정을 받게 된다. 샤오홍슈의 UGC를 통한 구전 효과는 사람들의 유동성을 높였다. 샤오홍슈 CEO는 도시에 유동성이 없는 것을 죽은 유령의 도시와 비유하여 설명한다. 의식이 없는 정지 상태와 같다는 것이다. 당장 죽지 않을지는 몰라도 죽을지도 모르는 위험한 상태라는 것을 다시 강조하고 있다. 그는 새로운 사람이 이 도시에 왔을 때, 왜 왔는지? 이 도시에 와서 무엇을 얻고자 하는지? 이 두 가지 질문을 하였다. 대답은 새로운 사람과 기존에 살던 사람들의 힘이 합쳐져서 규모와 발전의 성질을 만들어 낼 때 비로소 큰 도시를 설립할 수 있다고 말한다.

후기 마케팅으로 적극 활용할 수 있다

———

영상을 통해 라이프 스타일을 기록하는 것은 샤오홍슈의 "나의 생활을 기록하자."라는 슬로건과 닮았다. 샤오홍슈를 방문하여 소비하는 사용자들은 기본적으로 영상을 통한 소비 문화를 좋아하고 라이프스타일을 나누는 것 자체를 즐긴다. 특히 미용과 패션 분야는 사용 후기를 통해서 사는 경향이 높은데 만약 이것을 영상으로 기록한다면 제품에 대한 전달 파급 효과가 클 수밖에 없는 영향도 무시하지 않을 수 없다. 그렇기 때문에 샤오홍슈에서는 동영상 하나를 올리더라도 자신의 색깔과 개성을 담은 콘텐츠를 만들어 내는 능력이 매우 중요하다. 또한, 자신의 브랜드, 제품과 어울리는 왕홍 또는 셀럽과 연계하여 마케팅 효과를 낼 수 있는 방법도 있다.

00허우 왕홍 블로거들의 샤오홍슈 유입이 점점 증가하고 있다. 유명 글로벌 브랜드들은 00허우들과 합작하여 제품 홍보 마케팅을 하고 있는 추세이다. 샤넬, 톰포드, 라메르 등 글로벌 브랜드들은 대표적으로 00허우 블로거인 shgiook과 합작을 하였다. 샤오홍슈의 50% 이상이 95허우이다. 점점 많은 왕홍, 블로거가 샤오홍슈 플랫폼에 참여하여 브랜드와 시너지 효과를 내고 있다.

퍼펙트 다이어리의 성공 비결

중국 국내 색조 브랜드 퍼펙트 다이어리(完美日记)가 글로벌 브랜드인 샤넬, 디올, 에스티로더 명품 화장품을 제치고 인기도 1위를 차지하였다. 퍼펙트 다이어리의 메인 플랫폼은 바로 샤오홍슈이다. 이 브랜드를 검색하면 노출 건수가 304만 건의 기록이 노출되고 약 195만 명 넘는 가까운 팔로워를 보유하고 있다는 것을 알 수 있다. 샤오홍슈 마케팅은 퍼펙트 다이어리가 성공한 비결 중 하나이다. 그렇다면 구체적으로 왜 퍼펙트 다이어리는 샤오홍슈를 선택했을까? 그리고 그 안에 숨은 성공 비결은 무엇일까?

그것은 바로 뷰티 제품의 경우 후기와 사용 후 변화에 대한 특성을 고려한 요소들이 반영될 수 있는 플랫폼을 잘 선택했기 때문이라고 볼 수 있다. 샤오홍슈는 화장품 사용 후의 비포 애프터의 변화를 동영상 또는 사진을 통해 노출시켜 빠른 소비자 반응 효과를 얻었다. 소비자들이 자발적으로 후기를 공유하는 소통 방식이 시스템으로 자리 잡았다. 그것은 소비자들이 정보를 받는 접점을 강화시켰다고 볼 수 있다.

샤오홍슈는 자신들만의 특색인 B2K2C(Business to Key Opinion leader to Customer) 모델을 자리 잡아 나갔다. 브랜드는 KOL(Key Opinion Leader)과 KOC(Key Opinion Customer)의 솔직한 제품 경험과 공유, 바이럴을 통해 제품을 구매하고 소비 체험을 플랫폼 내에서 공유하는 순환을 거친다. 현재 중국 전자상거래 플랫폼, 특히 샤오홍슈에서는 KOL과 KOC 중심으로 마케팅이 진행되고 있다. 과거 왕홍에 치중되어 다소 과대 홍보처럼 보였던 부분들이 조금은 완화되고 있고 평범하지만 중요한 의견을 가지고 있는 키 오피니언 리더 사용자를 중심으로 바이럴 마케팅들이 확산되고 있다고 볼 수 있다.

03

핀둬둬(拼多多)

중산층의 새로운 쇼핑 공간
중국의 농산품 비즈니스를 공략하라!

———

한때 우리는 알리바바와 징둥의 경쟁 구도를 지켜보았다. 그리고 많은 사람이 과연 중국 전자상거래 업계의 2인자라 불렸던 징둥이 알리바바를 따라 잡을 수 있을까? 하면서 주목을 해왔다. 바로 고양이(알리바바 티몰의 심볼)와 개(징둥의 심볼)의 싸움이다.

알리바바는 전자상거래 플랫폼 타오바오 특가판을 출시하여 저가 전략에 들어갔다. 징둥 역시 징둥징시(京喜) 사이트를 통해 저렴한 물건을 공동 구매하여 소비할 수 있는 플랫폼을 연달아 출시하였다. 왜 알리바바와 징둥은 저가 공동 구매 시장에 달려들었을까?

그러나 이제는 이 고양이와 개 싸움에 새로운 전자상거래 플랫폼 기업이 등장했다. 바로 핀둬둬이다. 핀둬둬 회장은 마윈을 제치고 454억 달러(약 49조 4,000억 원)의 사나이로 중국 2대 부호로 등극하였다. 2019년 핀둬둬는 영업 수익 300억 위안(약 5조 원)을 돌파하며 4년 만에 중국 내 전자상거래의 새로운 힘을 보여 주었다. 그래서 중국의 매체에서는 핀둬둬를 두고 전자상거래 2인자라고 칭하기 시작했다.

2015년 창립한 핀둬둬는 중국의 3, 4선 도시에서 인기 있는 공동 구매 플랫폼이다. 단 5년 만에 6억 명의 소비자를 모았다. 활약 판매자의 규모는 400만 명을 넘어섰다. 공동 구매라고 하면 가격만 싸고 품질을 실망인 경우가 있는데 핀둬둬는 소비자들의 그러한 인식과 개념을 뒤집었다고 할 수 있다. 가격은 싸고, 가짜 상품이 많고, 배송은 느린 공동 구매의 꼬리표를 잘라 버렸다. 그럼 어떻게 이런 꼬리표를 잘라 버릴 수 있었을까? 바로 혼자 모든 것을 감당하는 것이 아닌 협력과 상생을 통해 발전의 노력이 뒷받침되었다고 할 수 있다.

3, 4선 도시로 먼저 뛰어들다

———

핀둬둬가 소비자들의 신뢰를 얻을 수 있었던 이유는 C2M(Customer to Manufacture) 모델로부터 출발했기 때문이다. 판매자들이 제조업자들이기 때문에 낮은 가격으로 공급이 가능하여 상품의 단가를 낮출 수 있었다. 중간 유통 거품을 없앴다.

앞서 언급했듯이 핀둬둬의 연간 활성 구매자 수는 6억 명에 가까이 달한다. 핀둬둬가 단기간에 성장할 수 있었던 비결은 무엇이었을까? 왜 중국은 그들을 제2의 타오바오로 칭하게 되었을까? 그 성공의 배후에는 3, 4선의 소비자들을 공략했기 때문에 빨리 일어설 수 있었던 것으로 알려져 있다. 100위안짜리 옷을 핀둬둬 사이트에서는 89위안에 살 수 있다. 또한, 모이면 더 싸게 살 수 있다는 착한 소비 심리를 중국 사회에 처음으로 불러일으킨 기업인 것도 한몫을 했다.

2019년 상반기 핀둬둬 플랫폼의 3, 4선 도시 주문량은 98%를 차지하였다. 후난성의 한 기자 말에 따르면, 핀둬둬는 중국 농촌의 소비 심리를 자극시켰다고 한다. 품질 좋고 저렴한 식품, 생활용품 등을 제공하여 농촌 소비 스타일이 변화하는데 영향을 미쳤다는 점이다. 아이리서치에 따르면, 이 플랫폼 사이트의 사용자의 비중은 여성이 70.5%, 25~35세 사용자 비중이 57%였다고 한다. 인구 100만~200만 도시의 3선 도시와 인구 50만~100만 도시의 4선 도시, 이곳에 사는 청년층과 사람들은 대부분 보수적인 소비를 패턴을 보이고 있다.

중국 매체 역시 3, 4선 도시를 미래 중국의 신소비 시장으로서 잠재력을 주목하고 있다. 모건 스탠리(Morgan Stanley)에 따르면, 2030년 중국 소비 시장의 3분의 2가 3, 4선 도시에서 나온다고 한다. 이는 상업적인 기회가 많다는 것을 우리에게 알려준다. 또한,

중국 매체에 따르면, 2022년 81%의 3, 4선 도시 출신들의 젊은이들이 중국 소비 시장을 견인하는 데 공헌할 가능성을 중요히 보고 있다.

핀둬둬 618 행사에서 주문량 3억 건 이상이 넘었을 때가 있었다. 이때 구매의 70%가 3선 이하 도시에서 진행된 것으로 알려졌다. 중국 소비 시장에 새로운 귀족들이 바로 3, 4선 도시에 사는 중산층들이다. 중국의 중산층은 급속도로 급증하고 있고 2022년에는 81%에 달할 것으로 전망된다. 그중 3, 4선 도시의 중산층 집단들은 40%에 달할 것으로 보고 있다. 앞으로 핀둬둬의 성장이 더욱 기대되는 이유다. 2019년 핀둬둬에서 거래된 농산품의 판매액은 1,364억 위안(약 23조 1,300억 원)에 달하였고 전년 동기 대비 109% 성장하였다. 또한, 2019년 농산품을 판매하는 판매자의 수도 급증하였는데 58.6만 명에 달하였다.

오프라인과 협업

핀둬둬는 오프라인 업체들과의 협업을 통해 플랫폼으로 들어오는 사용자들의 가치를 높이고 규모화를 실행했다. 핀둬둬는 중국 최대 가전업체 궈메이(国美)와 협력하여 궈메이의 상품을 자신들의 사이트에서 판매할 수 있도록 새로운 환경을 설치하였다. 궈메이의 공급 사슬의 강점에 의존하여 사이트에서 파는 제품들의 품질들을 보장할 수 있게 시스템을 만들었다. 이는 예전에 알리바바가 수닝과 협업하여 우수한 품질의 가전제품을 공급한 것과 비슷한 상황이라고 볼 수 있다. 중국 최대 오프라인 기업과 최대 온라인 회사가 같이 협업을 하기 시작한 것이다.

귀메이와의 협업은 핀둬둬 측면에서 물류 배송에도 큰 힘이 되었다. 귀메이의 안쉰(安迅) 물류는 중국 전국에 2,186개의 창고가 있고, 도시에 보급하는 비율은 92%에 달하는 큰 헤리티지를 가지고 있기 때문이다. 2020년 상반기, 핀둬둬와 귀메이는 협업하여 달성한 GMV가 예상 대비 70% 증가하였고 일일 거래액은 10억 위안(약 1,670억 원)을 돌파하였다. 귀메이가 디지털화 방향으로 전략을 바꾼 영향도 있었지만 3, 4선 도시의 탄탄한 소비자층을 가진 핀둬둬 플랫폼의 시너지가 함께 만나 나온 것이다.

농가와 협력으로 상품력을 경쟁

———

미래 5년 이내로 핀둬둬는 100개의 '둬둬농원(多多农园)' 프로젝트를 윈난성에 세워 5,000명의 윈난 현지 농촌 전자상거래 인재를 양성하며, 100개의 특산 농산품 브랜드를 만들 것이라고 포부를 밝혔다. 이 프로젝트는 중국 정부의 빈곤 퇴치 방향과도 뜻이 맞는다. 핀둬둬는 농촌 전자상거래 육성을 통해 소비자들이 농산품의 원산지와 거리, 지점을 가깝게 하겠다고 하였다. 2020년 핀둬둬에서 창출되는 농산품의 거래 규모는 2500억 위안(약 41조 8,000억 원)에 달할 것으로 전망하고 있다. 거의 중국 최대의 농산품 유통 플랫폼이라고 할 수 있다.

더불어 이 프로젝트는 핀둬둬가, 즉 중국이 현지의 완전한 공급망을 한층 더 업그레이드시키는 것과 연결되어 있다고 볼 수 있다. 윈난은 고품질의 커피를 생산하기로 유명하다. 99%의 커피 생산량이 윈난에서 나온다. 커피 공장 인프라를 발전시키는 데도 도움이 된다. 이미 몇 생산처들은 핀둬둬 플랫폼과 연결하여 커피를 판매하는 데 적극적으로 나서고 있다. 따라서 2018년 커피 주문량은 1,000% 증가하였다고 한다.

핀둬둬 역시 생방송 마케팅을 추진하고 있는데 이미 산둥성, 저장성, 안후이성, 광둥성, 후베이성 등 지역에 50개의 '아이신주농(농촌을 사랑하고 도와주자)' 생방송 기지를 세웠다. 코로나바이러스 기간에 방영된 생방송 판매를 통해 18만 곳의 농가를 도왔다고 한다. 특히 안후이 종양현(安徽枞阳县)에서는 생방송을 통해 30분 만에 20만 개의 달걀을 판매한 기록을 세운 경험을 가지고 있다.

핀둬둬는 스스로를 코스트코와 디즈니를 결합한 합일체라고 말했다. 높은 가성비를 자랑하는 코스트코의 강점과 엔터테인먼트적 성격을 가진 디즈니랜드 일체가 된 것이라는 뜻이다. 핀둬둬는 그들 스스로를 마치 전자상거래의 게임이라며 비유하기도 했다.

이렇게 핀둬둬는 Z세대와 3, 4선 도시를 중심으로 발전하고 있어 잠재력이 무궁무진하다.

따라서 우리 입장에서는 핀둬둬를 새로운 플랫폼 시장으로 바라볼 수 있겠다. 핀둬둬는 한국 상품을 모여 놓고 파는 한국관을 개설하였다. 예전에는 알리바바 티몰과 타오바오, 징둥에 중국 진출의 비중이 높았다면 앞으로는 핀둬둬 플랫폼을 통한 한국 상품들에 대한 입점 니즈가 높아질 것으로 전망된다. 우리 한국 기업들도 신중국 디지털 마케팅 3.0 전략을 세워 중국 3, 4선 도시의 잠재적인 소비층을 공략할 때이다.

샤오홍슈의 스몰판, 둬둬비요우

핀둬둬는 고품질의 저렴한 제품을 판매하는 플랫폼 '둬둬비요우(多多比优)'를 출시했다. 둬둬비요우는 최신 트렌드를 반영한 가성비를 자랑하는 제품 중심으로 판매를 한다. 위챗 샤오청쉬를 통해 접속하기 때문에 위챗 유저들의 트래픽을 몰고 올 수 있다는 강점을 지니고 있다. 제품의 가격은 핀둬둬 상거래 사이트보다 더 저렴하지만 고품질, 고급의 콘셉트로 소비자들에게 다가갔다. 일각에서는 핀둬둬가 저가로 인한 가짜 상품 논란을 피하기 위해 그리고 브랜드 이미지를 올리기 위한 장기적 전략이라고도 말하고 있다.

뒤뒤비요우의 슬로건은 '좋은 물건을 비교하고 생활을 이해하자 (比好物, 懂生活)'인데 이는 쇼핑 플랫폼 내에서 소비자들이 좋은 물건을 비교하여 살 수 있도록 하는 의도를 설치했다고 할 수 있다. 뒤뒤비요우에서의 쇼핑을 통해 라이프스타일을 더욱 확장하고 이해할 수 있도록 돕는 것이 이 플랫폼의 역할이라고 할 수 있다.

이 플랫폼이 중국에서 주목받고 있는 이유는 중국판 인스타그램 샤오홍슈처럼 '쫑차오(种草, 추천, 강추)'란 개념을 적용했기 때문이다. 모든 상품은 쫑차오다런(种草大人, 추천해 주는 전문 달인)을 통해 제품 구매를 돕고 있다.

04

샤오미(小米)

아시아의 사물인터넷 플랫폼

———

2020년 중국 사물인터넷 시장 규모는 5조 위안(약 836조 원)으로 전망되고 있다. 5G의 도입이 더욱 증가함에 따라 사물인터넷 시장 역시 성장하고 있다. 중국은 확실한 정부의 5G 및 사물인터넷 시장의 발전 정책 노선에 따라 기업들이 사물인터넷 연구에 돌입할 수 있는 환경을 만들었다. 국가발전개혁위원회에 따르면 신인프라(신SOC, 新基建) 건설 영역에 5G와 사물인터넷이 포함되어 있다. 중국은 40만 개 규모의 5G 기지국을 세웠다. 이를 기반으로 중국은 사물인터넷 방면에서 아시아 최대의 국가로 거듭날 것이다.

이번 장에서 살펴볼 기업은 대중적으로 잘 알려진 기업 샤오미이다. 샤오미의 글자를 거꾸로 뒤집어 보면 '심(心)' 자가 나온다. 심은 영어로 heart, 마음을 가리킨다. 그렇다. 샤오미의 사명은 "사람들의 마음을 감동시키자!"라는 것이다. 샤오미는 보스턴 그룹에서 발표한 2020년 세계 50대 혁신 기업에서 24위 순위에 오르며 글로벌 기업으로서의 자리매김을 다시 했다. 시장조사 기관 카날리스(Canalys)에 따르면, 2020년 유럽 시장에서 샤오미는 스마트폰 시장 점유율 3위를 차지하며 화웨이를 넘어섰다고 밝혔다. 샤오미는 2010년에 출발한 스마트 하드웨어 및 소프트웨어 기술력을 바탕으로 통신장비, 디바이스를 만드는 기업이다. "모든 사람이 과학 기술의 즐거움을 누리게 하자!"라는 구호는 그들이 품고 있는 비전이기도 하다.

샤오미는 공동 개발의 생태계를 건설하였다. 타사와 함께 공동 개발을 통해 제품과 인력들을 샤오미 생태계로 끌어들인다. 수많은 브랜드가 샤오미 플랫폼을 통해 생태 속으로 들어가게 된다. 약 400개 정도 이상의 브랜드가 생태계 안에 있다. 샤오미는 이 생태계 속에서 사용자가 완벽한 경험을 할 수 있게 기업들을 지원해 주고 투자한다.

2020년 샤오미 CEO 레이쥔은 5년 동안 500억 위안(약 8조 3,600억 원)을 부어 5G + 사물인터넷을 추진할 계획을 세웠다. 더 큰 과학 기술 생태계의 로드맵을 그리고 있다. 2019년 3분기에 따르면, 샤오미의 스마트폰과 사물인터넷 제품들은 수입의 89.7%에 달하였다. 280개 중 90개는 스마트 하드웨어 및 소비재 제품이며, 33개 정도는 스마트 가구와 관련 되어 있고 나머지는 스마트 소비재 제품과 관련된 기업이다. 그러나 규모는 더 방대하다. 샤오미 사물인터넷 플랫폼과 연결된 스마트 디바이스는 1억 개가 넘는다. 사물의 스마트화에 선택과 집중을 다하고 있다.

중국 국내 중소기업들은 샤오미 생태학에 의존하고 있다. 샤오미로부터 투자를 받고 초기에 같이 성장할 수 있는 꿈을 꾸며 그들의 플랫폼 속으로 들어갔다. 그래서 회사가 특정 크기로 성장하고 자체 제품을 개발하고 공급망과 마케팅 채널을 확보하는 방향으로 나아갔다.

샤오미 생태 체인 중, 화미(华米, HUAMI)와 윈미(元米, YUNMI)는 미국 주식시장에 상장되어 있다. 10억 달러(약 1조 880억 원)가 넘는 평가를 받는 회사는 4개 정도로 꼽힌다. 윈미의 경우, 스마트 홈을 꿈꾸고 있다. 스마트 홈의 미래 형태는 온 집안의 지능이며 모든 것이 연결되어 있는 구조이다. 윈미는 사물인터넷 2.0 시대를 실현할 것이라고 한다. 통합 상호 연결 솔루션을 제공하여 온전한 상호 연결의 생태계, 가전제품과 사람 간의 양방향 상호작용의 생태계를 형성하도록 한다.

5G, AI, 사물인터넷 등 많은 기술이 침투되고 통합되며 수많은 장치가 인터넷에 연결되어 있다. 윈미는 일반 대중을 위해 미래 가정의 스마트한 형태의 라이프스타일을 새롭게 정의한다. 또한, 인터넷 사고를 사용하여 산업을 위한 더 큰 상상력의 공간을 열고 새로운 비즈니스 가치를 주입해 미래에는 새로운 템플릿을 제공한다.

샤오미 생태계 안에 있는 기업은 샤오미로부터 자본, 디자인, 기술 지원을 받는다. 샤오미 홈에서 제품을 판매하며 서로 상생 관계의 수익 구조를 만들어 낸다. 글로벌 시장조사 기관 카운터포인트(Counterpoint)에 따르면, 2020년 1분기에 투자한 기업의 수는 300개에 달하며 2,000여 개의 제품들이 나왔다. 2019년에 비해 사물인터넷 및 생활용품의 비중은 전년 대비 41.7% 증가한 621억 위안(약 10조 3.800억 원) 규모이다. 샤오미 사물인터넷 플랫폼에 연결된 제품만 2019년 기준 2억 개가 넘는다.

샤오미는 성장할 만한 스타트업이나 기업에 투자하여 공동으로 제품을 같이 만들어 낸다. 샤오미는 혼자 성장하지 않았다. 협력하여 선을 이루는 스마트 생산 플랫폼 제국을 건설했다고 볼 수 있다. 화미의 경우, 웨어러블 디바이스 시장 점유율 1위를 차지하고 있으며 보조 배터리로 유명한 즈미테크 역시 출시한 지 몇 개월 되지 않아 보조 배터리 업계 1위를 차지하였다.

샤오미에서 출시하는 스마트 가전제품들은 안드로이드 기반 미유아이 MIUI OS(샤오미 전용)에 연결된다. 현재 미유아이의 사용자는 2억 명을 넘는다.

공생의 관계를 만드는 것

———

샤오미는 생태 채널을 구축하기 위해 채널, 공급망, 에코 + 모델을 통해 하드웨어 유입 입구를 확보했다. 그렇다면 이들의 생태 체인의 본질은 무엇인가? 바로 공생의 관계를 만드는 것이다. 이는 샤오미가 생태 체인 회사들의 초기 채널, 공급망을 확보해 줌으로써, 즉 생태 비용을 부담함으로써 회사를 빠르게 발전시키도록 만드는 것이다.

샤오미 생태 체인 회사들의 비용은 샤오미가 기본적으로 부담하기 때문에 매우 낮다. 예를 들어 미가(米家: 샤오미의 스마트 가전제품 브랜드들)를 통해 브랜드 제품을 온·오프라인 채널에 판매하고 차후에는 입소문 마케팅을 이용해 제품의 인지도와 판매를 끌어당기는 방식이다. 미가의 제품들은 세련된 디자인, 합리적인 가격대를 자랑하고 있다. 스마트한 제품을 만드는 것, 인공지능 기반의 인텔리전스 시스템 및 환경을 만드는 것이 미가 브랜드의 표준이다.

사용자들의 핵심 요구 사항을 충족하는 지능형 제품을 설계하고, 새로운 인텔리전스 및 가격 표준을 사용하여 업계의 변화를 자극하는 방향을 끊임없이 추구해 왔다. 그리고 선점 우위를 형성하고 비용을 낮추어 더 높은 효율성을 달성한다.

샤오미 생태 체인에 들어온 회사들은 이른바 샤오미화를 거친다. 샤오미화는 샤오미의 브랜드로 옷을 입는 것과 같다. 독립적이지만 샤오미 간판을 걸고 제품이 판매되기 때문에 일종의 샤오미 브랜드화 과정을 거치게 된다. 제조사들은 샤오미의 환경을 통해, 다시 말하자면 플랫폼이라는 환경을 통해 원하는 제품을 만들고 보다 쉽게 시장에 진출하여 마케팅을 할 수 있는 혜택을 부여받

04. 무인상점, 소셜네트워크 전자상거래

는 것이다. 이런 맥락에서 샤오미와 플랫폼 안에 있는 협력 업체들은 서로 상생하는 구조 속에 놓여 있다고 볼 수 있다.

코로나 사태 이후로 샤오미의 전략도 영향을 받았다. 그들은 바로 세균 박멸 필름이 있는 휴대전화를 선보였다. 또한, 5G와 AIoT(인공지능과 사물인터넷)를 샤오미 미래 성장 엔진으로 끌고 가겠다고 다짐했다. 포스트 코로나 시대에도 굴하지 않는 샤오미가 미래 행보를 적극적으로 보여 줄 것이라 생각된다. 동방증권(东方证券)에 따르면, 2021년 샤오미의 사물인터넷 산업을 1,000억 위안(약 16조 7.200억 원) 규모로 예상하며, 3년에서 5년 이내에 사물인터넷 시장을 점유할 것이라 내다보고 있다. 이를 위해 연구개발에 쓰이는 비용만 약 75억 위안(약 1조 2.500억 원)에 달한다. 그렇다. 나무 하나로는 숲을 만들 수 없다. 이 말처럼 샤오미는 많은 기업과 합작을 통해 수많은 나무를 심어 숲을 만들었다고 할 수 있다.

샤오미는 여러 제조사와 함께 함으로써 공유와 개방을 선택하였다. 더 나아가 이는 샤오미가 제조사들과 함께 혁신적인 제품에 대한 연구개발을 함께했다는 것이다. 이는 샤오미, 그리고 중국이 보다 적극적인 플랫폼의 사유를 가지고 있다고 볼 수 있다. 이러한 협력 기반의 R&D는 장기적으로 샤오미가 가져갈 수 있는 최대의 경쟁력으로 꼽을 수 있다. 지식의 공유, 협업의 혁신이라는 결과를 만들어 냈다.

05

중·미 플랫폼 전쟁

용병은 승리를 귀하게 여기되 오래 끄는 것을 귀하게 여기지 않는다.
그러므로 용병을 아는 장수는 국민의 생명을 좌우하는 사람이며 국가
의 안위를 책임지는 사람이다.

- 《손자병법》 중에서 -

| 중·미 플랫폼 전쟁 |

알리바바와 아마존

알리바바의 창업자 마윈은 "전체 생태계권이 건강할 때, 생태계권 안에 있는 종(species)들이 건강해질 수 있다."라고 말했다. 그의 말은 생태계 자원들 사이의 핵심 상호작용의 중요성을 말해 주고 있다. 이 안에서는 자원과 자원 간의 자유와 개방을 허용하여 서로 유동성 있는 관계가 형성될 수 있도록 해야 한다.

대표적인 생태계를 우리는 전자상거래를 떠올릴 수 있다. 2019년 미국 전자상거래 규모는 약 5,129억 달러(약 558조 원)였다. 같은 해 아마존의 미국 시장 점유율은 45%를 차지하였다. 미국의 대형 유통 마트 월마트의 점유율도 아마존을 따라가지 못하며 기존 전통 시장들이 위협을 받아 오프라인 점포가 폐쇄되고 있다. 아마존이 가진 파급력과 전투력은 대단하다. 처음 도서 판매로 시작한 아마존은 이제 안 파는 것이 없을 정도로 모든 카테고리를 장악했다.

처음 아마존은 전자상거래 분야에서 막강한 힘을 가지고만 있었지만 지금은 기업, 판매자들을 위한 전자상거래 클라우드 컴퓨팅 솔루션 AWS(Amazon Web Services)를 운영하고 있다. AWS는 무엇보다 데이터 확보와 고객에게 주고자 하는 경험을 구축할 수 있다는 것이 큰 장점으로 꼽힌다. 아마존은 AWS 클라우드 서비스를 통해 IT 인프라를 세우는 것이 목적이다. 주요 고객은 개발자나 기업(애플, 넷플릭스, 에어비앤비 등)이 있다.

알리바바 역시 11년간 투자해온 대표적인 클라우드 자회사인 알리윈을 통해 각 분야에 클라우드 및 빅데이터 기술을 사용하고 있다. 자사 상거래 쇼핑몰인 타오바오와 티몰로부터 나오는 막대한 빅데이터를 컨트롤하고 수집하는 데 필요한 것이 바로 알리윈이다. 향후 알리윈은 3년 내 2,000억 위안(한화 33조 4.400억 원)을 더 투자하여 클라우드 운영 체제, 서버, 네트워크 등 주요 핵심 기술의 연구 개발과 미래 지향적 데이터 센터를 구축하겠다고 밝혔다.

다시 아마존의 사례로 돌아가서 보면, 그들은 무인 점포 아마존 고를 통해 채널에 대한 경계를 허물었다. 또한 무인결제 시스템 기반의 신선식품 마켓인 아마존 고 그로서리(Amazon Go Grocery)를 런칭한 것 역시 기업이 이루어 낸 최고의 업적 중 하나로 꼽을 수 있다.

반면, 지금 현재 그리고 앞으로 미래의 아마존의 모습은 조금 색다른 플랫폼의 모습을 지니고 있다. 아마존은 이름처럼 거대한 강줄기 아마존과 같이 사업에서도 풍부하고 다양한 모습을 보여 주고 있다.

무엇보다 우리가 일반적으로 이커머스 사업을 한다고 아는 아마존은 최근 우주 사업을 적극적으로 하고 있다. 바로 인공위성을 통한 인터넷 사업을 확장하는 것에 의미를 두고 있다. 사실상 창업자 제프 베조스(Jeff Bezos)는 블루 오리진(Blue Origin)이라는 회사를 따로 설립하여 이 우주 사업에 박차를 가하고 있다. 인터넷이 닿지 않는 곳에 인터넷을 쏘아 올리고 유인 우주선을 쏘아 올리는 것이 목적이다. 그리고 무엇보다 향후 미래에는 아마존을 통한 우주 플랫폼 환경을 건설하는 것이다. 이미 2015년에 무인 우주선 뉴세퍼드(New Shepard)를 쏘아 올리고 회수까지 하였었다. 제프 베조스가 연간 10억 달러(약 1조 880억 원)씩 주식을 매각하며 블루 오리진에 투자한 이야기는 아마존이 미래 우주 사업에 얼마나 큰 기대를 가지고 있는지 말해 준다.

중국 역시 우주 영역까지 사업을 확장하였다. 알리바바는 자신들의 생태계를 우주에 빗대어 설명한 적이 있다. 이들의 우주 사업은 아마존의 속도를 따라가지는 못하지만 한 차례 인공위성을 쏘아 올렸다. 중국판 최대 쇼핑 블랙 프라이데이 광군제(光棍节)에 미니 우주정거장인 탕궈관하오(糖果罐号. 캔디캔)를 쏘아 올렸다. 그리고 미니 통신위성인 텐마오궈지하오(天猫国际号)를 쏘아 올려 전자상거래를 더욱 편리하게 이용할 수 있도록 하고 있다. 기업 산하의 연구원인 다모아카데미(达摩院. Damo Academy)에서는 인공지능 기술을 통해 지구를 관측하는 위성 원격 감지 AI EARTH를 선보였다. 하늘, 땅, 우주의 데이터를 분석하는 능력을 가지고 지구의 토지 변화, 산과 호수의 면적 변화, 작물의 성장 변화까지도 인식할 수 있는 기술이다.

아마존과 알리바바의 경쟁은 우주 산업뿐만 아니라 로봇 분야에서 더욱 경쟁의 두각을 보인다. 아마존은 자율주행 택배 배달 로봇 스카우트를 선보였다. 여섯 개의 바퀴가 달리고 전통 배터리가 탑재되어 있는 이 로봇은 주문자의 집까지 배달이 이루어진다. 이뿐만 아니라 창고에 10만 대의 로봇 키바(KIVA)를 배치하여 물건을 운반하고 실어 나른다. 물류 시간은 15분으로 줄었고, 창고 공간 활용도도 더욱 높아졌다.

동시에 이러한 지능형 로봇이 중국에서 더욱 발전하고 있다는 사실을 주목해야 한다. 알리바바 역시 차이니아오 물류에서 지플러스(G-Plus) 무인 택배 로봇을 출시하였다. 알리바바는 로봇 레스토랑과 호텔을 운영하며 일상에 로봇 플랫폼화를 이루어가고 있다. 대표적으로 알리바바 산하의 허마(盒马) 로봇 레스토랑은 간단하게 QR코드를 통해 주문을 하면 로봇이 컨베이어 벨트 위에서 서빙을 다닌다. 이름도 로봇 허식당으로 간판이 붙여져 있다. 사람들은 다소 생소하지만 미래 체험을 하기 위한 듯 로봇 식당을 찾는다.

항저우에 있는 플라이주(Fly Zoo Hotel) 호텔은 인공지능 스피커로 명령을 내리고 로봇이 얼굴 인식을 통해 체크인을 대신해 주는 등 신기하고도 생소한 광경이 펼쳐진다. 중국에서 로봇이 해낸 일은 이뿐만이 아니다. 사실 이번 코로나바이러스 사태 때에도 사람이 할 수 없는 일을 도운 것은 알리바바의 로봇이었다. 로봇은 사람들로부터 상담을 받고 데이터를 분석하는 일까지 한다. 중국 27개성, 40개 도시에 서비스가 제공되고 있다. 16만 8,000개의 데이터를 로봇이 단 4시간 만에 처리한다.

최근에는 샤오만뤼(小蛮驴) 물류 로봇을 선보였다. 샤오만뤼는 100km를 이동할 수 있고 매일 500건 정도의 물류를 보낼 수 있다. 또한, 0.01초 만에 100개 이상의 행인과 자동차의 액션을 감지할 수 있다. 중국이 시대에 발맞추어 점점 더 빠르게 인공지능, 로봇과 같은 기술을 사용한 플랫폼을 바탕으로 경제, 사회 활동에 전반적인 영향을 확대해 나아가고 있음을 알 수 있다.

알리바바와 아마존의 공통점 중 다른 하나로는 페이먼트 시스템도 언급하지 않고는 넘어갈 수 없다. 아마존은 아마존 캐시를 출시하였고 알리바바는 알리페이를 활발히 사용하고 있다.

먼저 아마존의 사례를 들여다보자. 아마존 캐시를 사용하여 무형 편의점 아마존 고를 사용할 수 있다. 사용법은 간단하다. 아마존 캐시에 돈을 충전하고 바코드를 받게 되면 협력사 매장에서 사용이 가능하다. 무엇보다 아마존 캐시는 자신의 은행이나 카드와 연결한 모바일 월렛과는 다르게 디지털 화폐에 개념이 더욱 가깝다고 볼 수 있다. 은행 계좌가 없어도 아마존 계좌를 개설하여 페이먼트 서비스를 이용할 수 있다. 또 다른 유명 페이먼트 서비스 페이팔의 경우 수수료가 부과되는 반면에, 아마존 캐시는 수수료가 없는 것이 강점이다.

알리바바가 알리페이 말고도 대출 서비스 위어바오(余额宝)를 운영했듯이, 아마존도 이와 같이 비슷한 용모를 갖추고 있다. 대출은 아마존 렌딩(Amazon Lending), 예금 이자는 아마존 포인트(Amazon Point)로 해서 고객들에게 더 넓은 선택권의 생태를 조성한다.

다시 중국의 이야기로 돌아가 보자. 중국은 두 개의 페이먼트가 활발히 작동되고 있는데 이들 알리페이, 위챗페이의 결제 규모를 모두 합치면 16조 위안(약 2,675조 원)에 달한다고 한다. 2018년 중국인들의 페이먼트 사용률은 80%에 달하였다. 알리페이는 과거에 중국인들만 사용할 수 있게 서비스를 만들었다. 그러나 지금은 외국인을 위한 글로벌 알리페이 서비스를 운영하며 다른 국적의 사람들도 페이먼트 서비스를 이용하여 중국으로 송금할 수 있게 되었다.

이러한 알리페이는 현재 중국 모바일 시장의 50% 이상을 점유하고 있다. 알리페이가 편리한 점은 먼저 구매를 하고 이후에 지급을 하는 서비스까지 이용할 수 있도록 한 것이 특징이다. 사용자의 입장에서는 편리하고 배려를 느낄 수 있어서 좋다. 사용자에 대한 배려는 알리페이가 데이터를 활용해 상품을 추천해 주는 데도 사용된다.

이번 코로나바이러스 사태 때에는, 베이징 지엔캉(北京健康)이라는 건강 애플리케이션을 알리페이에서 열어볼 수 있도록 연결시켰다. 실제로 사용해 보면 프로세스는 간단하다. 알리페이를 열어 베이징 지엔캉바오(北京健康宝)를 검색한 후 인증을 하면 자신의 건강 상태를 확인할 수 있다.

그뿐만 아니라 생방송까지 사업 확장을 뻗어 사용자들로 하여금 서비스의 시선을 확장시켰다. 부동산을 통해서 집을 보는 것이 아니라 알리페이에 항저우 집 구하기(杭州公证选房)를 검색하여 온라인 생방송으로 집을 볼 수 있도록 하였다.

　알리바바와 아마존 모두 자신의 생태계권 안에서 모든 것을 장악하고 통제하려고 특성이 강한 것은 맞다. 그러나 운영 방식과 가치관에 다소 차이를 보인다. 아마존은 고객 중심이라면, 알리바바는 좀 더 파트너 중심에 가깝다고 볼 수 있다. 알리바바는 페이먼트를 개발하여 파트너사와 공유를 하며 연결점을 만들어 나아갔다. 파트너십 제휴를 통해 열린 플랫폼의 운영 체계를 가지고 있다.

　아마존은 '무엇이든 다 판다'라는 각오로 상품의 카테고리를 넓히며 고객 중심의 서비스와 제품에 집중하였다. 이는 아마존의 매출의 70%가 재구매자로부터 발생한다는 것을 말해준다. 흥미로운 점은 아마존의 경우 회의를 할 때 의자를 항상 고객의 자리라며 비워 두는 문화가 있다는 것도 고객 중심이라는 것을 입증한다.

　알리바바는 플랫폼을 개방해 다른 제휴사들과 파트너십이라는 방식으로 함께 생태계를 넓혀 나아갔다. 아마존은 파트너십의 생태계를 적극적으로 공유하고 있지는 않지만 역시 다양한 영역에 자원을 건설하며 생태계를 만들어 나가고 있다. 둘은 닮기도 했지만 다른 특이점을 가진 플랫폼 기업들이다. 중국과 미국 양국 모두 가까운 우리나라는 어떻게 그들 사이에서 생태계의 패권을 만들어

가야 하는지 고민하지 않을 수 없다.

　알리바바는 아마존과 비교하여 제조에 강하다고 할 수 있다. 제
조면에서는 알리바바가 아마존을 앞서고 있다. 2020년에도 새로
운 제조 계획을 발표하였다. 바로 시뉘즈자오(犀牛智造, 코뿔소 제조)
이다. 시뉘즈자오는 단순한 의류 공장이 아닌 플랫폼으로 소개되
고 있다. 그 이유는 바로 'Made in Internet'을 실현했기 때문이다.
공장의 모든 공정은 디지털화 기술로 돌아간다. 60% 이상의 직원
들은 기술 개발 업무에 매진한다. 인력들은 과거 공장에서 재봉틀
을 하는 것이 아닌 디지털 기술 업무를 하여 스마트 공장을 운영하
는 데 사용된다.

　알리바바는 농업 분야에도 진출하여 두각을 나타내고 있다. 신
유통 플랫폼인 허마셴성(盒马鲜生)을 통해 스마트 농촌 플랫폼 허마
춘을 만들었다. 알리바바는 허마춘(盒马村)을 통해 세 가지 주요 중

앙 요소인 생산-공급-판매에 집중하기로 했으며 농업과 디지털을 연결하여 산업 체인을 업그레이드하기로 하였다. 이제 중국에서 농부는 디지털 농부가 될 수 있기도 하다.

중국 전국 18개의 성에 약 117개의 허마촌이 운영되고 있다. 이 중 60%는 코로나 발생 이후 설립된 것이다. 상하이, 저장성, 쓰촨성, 산둥성 등 중심으로 운영되고 있다.

알리바바가 디지털 농산품 유통 네트워크에서 가장 중요하게 고려하는 것은 바로 생산 창고이다. 알리 빅데이터에 따르면, 윈난성에 생산 창고를 건설하였고 발하량은 150톤 정도에 달한다고 한다. 광시(广西)에 있는 생산 창고에서는 약 300톤 정도를 생산 및 저장할 수 있다. 항상 미국을 견제하고 경쟁의 위치에서 주도권을 차지하려고 하는 것은 중국 기업이다. 앞으로 알리바바와 아마존의 생태계 싸움 경쟁 구도는 더욱 치열해질 것이다.

텐센트와 페이스북

지난해부터 올해까지의 가장 큰 변화 중 하나는 개인 콘텐츠의 활성화이다. 누구나 콘텐츠 크리에이터가 될 수 있는 트렌드의 물결이 흘러가고 있다. 무엇보다 나라의 경계를 허물고 한국인인 내가 중국이나 미국에서 크리에이터가 될 수 있는 세상 속에 살아가고 있다.

대표적으로 틱톡(더우인)은 쇼트 클립 영상으로 사람들에게 인기를 끌었다. 누구나 자신의 영상 콘텐츠를 만들어 올릴 수 있는 환경을 제공하였다. 아이리서치에 따르면, 2021년 중국의 쇼트 클립 콘텐츠 시장 규모는 3100억 위안(약 50조 9,000억 원)까지 성장할 것으로 내다보고 있다. 쇼트 클립의 선두주자 틱톡은 페이스북, 유튜브, 알리바바, 텐센트 등 플랫폼 기업들에 새로운 혜성의 등장과도 같았다. 이제는 페이스북, 유튜브도 쇼트 클립 만들기에 동참하였다.

페이스북은 라쏘(Lasso)라는 15초짜리 틱톡과 같은 쇼트 클립 영상 플랫폼을 출시했다. 라쏘는 스스로를 재밌는 효과를 창출할 수 있으며 누구나 쉽게 동영상을 들고 공유할 수 있는 앱이라고 설명했다. 동영상을 찍으면 바로 페이스북으로 공유가 가능하며 탈페이스북으로 이어지던 10대들의 시선을 다시 사로잡을 수 있었다.

텐센트 또한 위챗 동영상 플랫폼을 출시하였다. 일명 스핀하오(视频号, 동영상 채널)라고 부른다. 쇼트 클립은 아니지만 대략 1분짜리 영상을 가리킨다. 스핀하오는 위챗 내부 생태계에 뿌리를 두고 있어 10억 명 유저들인 천연자원이 있다는 것이 강점이다. 비디오 콘텐츠는 많은 일을 할 수 있다. 정보와 지식을 전달하고 상품을 판매, 홍보하는데 적극적으로 사용된다. 비디오 플랫폼을 통해 위챗 생태학은 더욱 발전되고 업그레이드되었다.

이 커뮤니티에 들어가는 방법은 간단하다. 위챗 공중하오(订阅号, 구독형 공식 계정)에 들어가서 누르면 동영상으로 된 콘텐츠와 정보를 볼 수 있다. 별도로 공식 계정을 만들지 않고 구독형 공식 계정을 통해 사람들이 쉽게 들어갈 수 있도록 하여 장벽을 낮추었다.

위챗이 쇼트 클립 영상 앱을 따로 만들지 않고 공식 계정에 동영상 콘텐츠 구독을 연결한 것은 어쩌면 잘한 일이다. 앞서 말했듯이 10억 명의 유저들에게 연결될 수 있는 장을 마련한 것이기 때문이다. 접근성을 쉽게 마련해 두었다.

과거 많은 브랜드가 공식 계정(公众号)을 통해서 소비자와 소통함으로써 부가가치를 얻곤 했다. 위챗은 이제 공식 계정 틀에 영상을 넣어 소비자와의 점성을 더욱 높이려 하고 있다. 더 나아가 텐센트의 심장 위챗은 샤오청쉬(API 미니프로그램) 생방송을 출시하였다. 위챗에 따르면, 많은 브랜드가 샤오청쉬 생방송을 통해 수익을 창출했다고 한다. 여성복의 경우 교역액이 372% 성장하였다.

패션, 뷰티 영역뿐만 아니라 농산품, 생활용품, 가구 등 다양한 카테고리가 샤오청쉬 생방송에 열려 있다. 샤오청쉬 라이브는 판매자와 상호작용을 지원하고 전자상거래의 발전과 개발을 촉진한다. 실제로 라이브 방송은 이제 많은 사람에게 생소하지 않다. 전자상거래가 결합된 생방송에 대해 더 많은 사람들이 이해하기 시작하였고 비즈니스를 위한 수익 기회를 창출하였다.

위챗은 위챗 그룹 + 퍼블릭 계정 + 미니 프로그램과 결합하여 미니 프로그램의 라이브 방송 방법을 통해 판매자와 소비자 사이에 신뢰와 관계를 구축할 수 있게 되었다. 더 나은 커뮤니케이션 브리지의 역할을 하는 샤오청쉬 생방송은 기업이 사용자의 점도와 브랜드 인지도를 높이는 데 도움이 되고 있다.

다른 라이브 방송 플랫폼과 달리 미니 프로그램 라이브 방송은 위챗 자체의 소셜 및 콘텐츠 에코 시스템에 완전히 통합될 수 있으며, 사용자와 판매자의 접근성을 효율적으로 만들었다고 볼 수 있다. 즉 모든 액세스, 상호작용은 위챗 미니 프로그램 내에서 완성되었으므로 APP 및 기타 미니 프로그램으로 이동할 필요가 없기 때문이다. 라이브 방송 중에 판매자는 사용자와의 다양한 상호작용을 생성하기 위해 좋아요, 댓글 및 쿠폰 배포 기능을 사용할 수 있다.

샤오청쉬 미니 프로그램은 고품질 라이브 콘텐츠를 제작하여 상품과 서비스를 가져오는 데 도움이 되는 위챗에 탑재되어 있는 앱 형태의 미니 애플리케이션이다. 브랜드 운영 및 기타 서비스 가치를 향상시킬 수 있도록 지원한다. 이렇게 텐센트는 위챗 생태를 바탕으로 부가가치를 창출해 나아가고 있는데 미국의 경우는 어떨까? 경쟁자 페이스북은 어떤 행보를 보이고 있을까?

페이스북은 회원 수 22억 명을 가진 최대의 개방성을 가지고 있는 SNS 플랫폼이다. 페이스북은 메신저를 이용해 쇼핑몰 CS 대응을 하는 방향으로 나아갔다. 주문 확인, 배송 정보 및 확인할 수 있도록 연동시켜 놓았다. 국내 카카오톡처럼 주문, 배송 위치 확인 알림 정보를 받아 보고 주문까지 하는 원스톱 쇼핑을 하는 방향으로서의 비즈니스 플랫폼을 구축하였다. 페이스북 역시 페이지에 샵 기능을 설정하여 바로 구매가 가능하도록 연동시켰다. 페이지 란에 사진이나 동영상을 추가하고 결제 URL을 연결시키면 끝이다.

페이스북 창립자 마크 저커버그는 2030년 페이스북 미래 계획을 발표하였다. 그중 하나가 새로운 개인 소셜 플랫폼을 비전으로 내세웠다. 이는 단순히 소셜 플랫폼이 제품과 서비스를 소개시켜 주는 것이 아니라, 각자가 자신의 소셜 계정으로 스토리를 만들어 나아가는 것에 의미를 두고 있다고 볼 수 있다.

다른 앱과 페이스북 메신저를 연동하여 온라인 쇼핑의 CS 대응을 하도록 플랫폼을 구축하였다. 그리고 브랜드 페이지를 통해 인지도를 올림과 동시에 소셜 플랫폼 안에서 공유를 통해 가치를 올리는 방법을 선택했다.

페이스북 역시 오래전부터 커머스 플랫폼을 선언하고 나섰다. 그러나 페이스북이 추구하는 커머스는 일반 쇼핑몰이 아닌 소셜에 가깝다. 단순 구매보다는 친구, 사람들과의 관계를 구축하는 것에 중점을 두고 있다.

소셜 플랫폼은 개인화된 서비스를 지향하고 소셜 웹의 연장선이라고 할 수 있다. 페이스북 또한 동영상 플랫폼에 뛰어들었다. 바로 워치(Watch)이다. 실시간으로 라이브 방송을 하며 의견을 나눌 수 있는 공간이다. Watch party를 통해 한국의 KARD라는 그룹은 1주년을 맞이하여 전 세계 라이브 방송을 했었다.

미국에서는 매월 50만 명 이상의 이용자들이 워치를 이용한 것으로 알려져 있다. 친구와도 페이지 영상을 공유할 수 있고 내가 원하는 보고 싶은 영상을 큐레이팅, 추천해 준다. (이는 인스타그램의 IGTV와 비슷하다) 워치는 사람들이 좋아하는 동영상을 찾아주는 맞춤형 콘텐츠 서비스이다. 또한, 영상 제작자나 크리에이터를 위한 플랫폼의 기능을 띠고 있기도 하다.

그렇다. 페이스북과 텐센트 모두 동영상 콘텐츠를 플랫폼에 결합시켜 기능을 활성화하고 있다. 생태학적 관점에서 자원이 늘어나고 있어 자원과 자원 사이의 물리적 상호작용 역시 빨라지고 있다는 사실을 부인할 수 없다.

중국이 위챗 생태계에 생방송과 동영상 자원을 추가하며 더욱 넓은 자원 환경을 조성하고 있는 추세이다. 그러나 한 측면에서는 텐센트가 위챗을 통해 좀 더 폐쇄적인 플랫폼 환경을 조성했다고 볼 수 있다. 위챗을 통하지 않고는 중국에서 밥도 물도 못 마시게 만들어 놓았다. 한편으로는 중국의 입장에서 위챗 유저들이 위챗 생태를 더욱 잘 누릴 수 있도록 많은 자원을 심어 놓은 것이 더 많은 비즈니스의 기회와 소비 가치를 창출하게 만든 점도 있다.

그렇다면 미·중을 대표하는 두 플랫폼의 차이점은 무엇일까? 위챗은 위챗+(플러스) 기능이 많은 반면, 페이스북은 친구와 교류하는 메신저형 플랫폼에 그쳤다. 동시에 광고 중심의 페이지들이 많이 활성화되고 있다. 위챗의 경우, 직접적인 페이지 광고를 하지 않고 판매자들이 직접 콘텐츠를 개발하고 활동할 수 있도록 하였다. 플랫폼을 개설하여 스스로가 홍보 및 광고를 하며 콘텐츠를 올릴 수 있는 자발적 생태를 조성하였다. 공중하오(기업 공식 계정)를 통해 브랜드 계정을 열었지만, 그 안에 동영상을 올릴 수 있도록 한 것은 브랜드의 능동적 참여를 잘 유도했다고 볼 수 있다. 텐센트는 상하이에 스마트 영상 산업 기지를 설립하였다. 향후 이 기지를 통해서 수준 높은 영상 과학 서비스를 제공하겠다고 밝혔다. 이는 텐센트를 통한 중국의 동영상 스트리밍 업계 선두주자가 되고자 하는 야심찬 계획을 세우고 있다고 볼 수 있다.

언제까지나 이 둘은 사자와 호랑이 관계 같은 존재이다. 위챗이 공격이 더 강한 사자라면 페이스북 또한 전투력이 못지않게 빠른 호랑이라고 할 수 있다. 다들 각자의 영역과 국가에서 막강한 힘을 가지고 있다. 누구의 승리라고 단정 지을 수는 없지만 생태계에서 공격력이 강한 힘이 더욱 막강한 영향력을 발휘한다면 사자의 파워를 그냥 지나칠 순 없진 않을까.

텐센트는 중국 최대 라이브 방송 플랫폼 도우위(斗鱼)와 후야(虎牙)와 합병을 추진하게 된다. 합병 이후 기업의 시가 총액은 100억 달러(약 10조 8,800억 원)가 넘는다. 중국 매체에 따르면, 텐센트가 시장 800억 위안(약 13조 3,800억 원) 규모의 생방송 플랫폼에 사업을 전면적으로 뛰어들었다고 밝혔다. 도우위는 생방송 수입에 93%, 후야는 생방송으로부터 나오는 수입이 94%를 차지할 정도로 생방송이 차지하는 수입 비중이 타사보다 높다.

바이두와 구글

　세계적인 미래학자 앨빈 토플러(Alvin Toffler)는 미래 변화 속도에 대하여 주목을 했다. 그는 미래를 지배하는 힘은 읽고, 생각하고, 정보를 전달하는 능력으로부터 나온다고 말했다. 세계 변화의 모습들은 더욱 다양한 모양새를 갖추고 빛의 속도처럼 빨라지고 있다.

　2020년 세계 인공지능 시스템의 시장 규모는 470억 달러(약 51조 1,300억 원)를 바라보고 있다. 그중 KT 경제경영연구소에 따르면, 국내 인공지능 시장 규모는 2020년 2조 2,000억 원으로 예측하고 있다.

　인공지능 기술을 어떻게 플랫폼과 연결할 것인지에 따라 비즈니스의 승패는 갈린다. 지혜로운 기업들은 향후를 대비하여 인공지능, 사물인터넷, 가상현실을 플랫폼 공간에 설치하며 미래의 정거장을 준비하고 있다. 이번 장에서는 구글과 바이두에 대하여 알아볼 것인데 이 둘은 과연 어떤 플랫폼 사업을 하고 있는지 탐색해 볼 것이다.

　구글은 음성 명령 플랫폼 사업을 시작하였다. 구글의 음성 명령이 이루어지는 것이 대표적으로 구글 홈이다. 구글 홈은 시장 점유율 31% 정도를 차지하며 아마존 에코 다음으로 큰 인기를 받고 있다. 인공지능 스피커 구글 홈은 1초에 1개씩 팔릴 정도라고 한다. 구글 어시스턴트에 "구글, 맥도날드 배달해줘!"라고 하면 음식을 주문할 수 있고, 구글 페이로 지급하면 끝이다. 재주문 또한 "같은 것으로 부탁해!" 하면 지난번 먹었던 햄버거가 주문된다. 이뿐만 아니라 45개국에 9개 언어로 된 구글플레이 오디오북 서비스를 출시했다. 구글이 오디오북을 직접 만드는 것이 아니라 출판사에서 제공하는 오디오북 콘텐츠를 확보하여 플랫폼에 집어넣는 것으로 운영된다.

건너편에 있는 경쟁자 바이두는 ASR(Automatic Speech Recognition) 솔루션이라는 음성 식별을 사용하고 있다. 이 ASR을 포함하고 있는 생태계가 바로 바이두 대뇌(AI 개방형 플랫폼)이다. 정부와 함께 손을 잡고 대뇌 프로젝트를 건설하였다. 바이두 대뇌는 '소프트웨어와 하드웨어 인공지능 대생산 플랫폼의 일체화'로 포지셔닝을 한 단계 업그레이드하였다. 바이두 대뇌는 음성, 얼굴 인식, NLP, OCR 등 분야에서 중국 1위를 달리고 있다. 바이두 이지DL(EasyDL) 플랫폼 역시 인공지능 플랫폼으로서 이미지 분류, 객체 감지, 텍스트 분류, 사운드 분류 4가지 모델에 대한 서비스를 지원한다.

더 나아가 바이두는 SMLTA(Streaming trancated multi - layer attention) 모델을 도입하여 다중 음성 기능을 인식하도록 하였다. SMLTA는 음성 인식 속도를 크게 향상시킬 뿐만 아니라 인식 정확도를 향상하여 20%의 정확도가 증가한다. 또한, 중국어와 영어의 혼합 음성 인식을 하며 사투리와 표준어 간의 구별도 하는 것이 특징이다.

바이두는 어떻게 이런 것들이 가능했을까? 그들은 2018년과 2019년에 인공지능 특수 칩인 '바이두 쿤룬(昆仑芯片)'과 '바이두 홍후(鸿鹄)'를 출시하여 지능형 시대를 가능하게 했다. 홍후 인공지능 음성 칩을 기반으로 지속적인 최적화와 개발 및 반복 업그레이드 후 점차 스마트 홈, 스마트 카 연결 및 스마트 IoT의 세 가지 주요 시나리오 솔루션을 다루기 시작했다.

바이두의 인공지능 기술은 상당히 앞서 있다. 하버드 비즈니스 리뷰에서 발표한 세계 4대 인공지능 회사 중 유일한 중국 회사이기도 하며, 인공지능 특허 출원 수는 5,712건에 달하기 때문이다. 중국은 인공지능 분야에서 세계 최고의 속도로 달리고 있다. 2030년까지 기업들과 함께 손을 잡고 1조 위안(약 167조 원)을 투자할 계획이다. 중국의 속도가 무섭다.

중국과 미국의 대결은 이뿐만이 아니다. 자율주행 자동차에서도 둘은 각투를 벌이고 있다. 미국의 경우, 애리조나주에서 구글이 처음으로 자율주행 자동차를 상용화했다. 반면 바이두의 아폴로는 아직 상용화 단계까지는 아니다. 아폴로는 13개 도시에서 자율주행 시범을 200만 km를 실시했으며, 2025년에 상용화를 하겠다고 선언했다. 중국인들의 경우 이렇게 급속히 변화하는 환경에 제법 긍정적인 태도를 보였다. 바이두 부사장 우쉐빈(邬学斌)에 따르면, 중국 사람 96%가 자율주행 자동차 운행을 원한다고 답하였다고 한다. 전기차가 중국에서 적극적으로 상용화되었던 것처럼 어쩌면 자율주행차도 몇 년 후 인기몰이를 하지 않을까 여겨진다.

아폴로는 아폴로 오픈 플랫폼을 열어 자율주행 자동차를 이용하고 싶은 스타트업, 기업들에게 개방하고 있다. 아폴로의 오픈 플랫폼은 안정적이고 신뢰가 있는 오픈 소프트 웨어 플랫폼이라는 것이 특징이다. 파트너사들도 자체 개발할 수 있도록 환경을 제공한다. 바이두 아폴로는 3만 6,000여 명의 개발자와 178개의 생태 파트너가 있다. 또한, 창사에서는 자율주행 로보 택시(Robotaxi)를 시범 운영하였다. 여기서 바이두는 '자동차 도로 시너지'라는 목표를 가지고 도시와 기술 회사, 자동차 회사와 같이 협력하여 중국 특색의 자율주행 개발도로의 삼위일체를 만들려고 하는 것을 엿볼 수 있다.

바이두의 자율주행 자동차 생태계는 개방적이고 안전한 소프트 웨어 플랫폼을 통해 차량과 하드웨어 시스템을 결합한 자원을 제공한다. 흥미로운 점은 아폴로는 자동차 플랫폼을 넘어 달 착륙에 계획을 가지고 있어 아폴로라는 이름을 지었다고 한다. 바이두가 우주 플랫폼을 어떻게 건설해 나아갈 것인지 그리고 우주 드림이 이루어질지 우리는 지켜보아야 할 것이다.

첫 시작을 검색 플랫폼으로 출발한 바이두의 생태계는 지식 및 정보 서비스의 거래를 한층 더 확장해 나아가고 있다. 정보, 지식 플랫폼의 고유 가치는 항상 사용자 참여와 신뢰 증가로 이어진다.

바이두는 상하이 푸동개발은행(Shanghai Pudong Development Bank) 과 파트너십을 맺고 BaaS(Blockchain As a Service) 플랫폼을 기반으로 한 은행 간 정보 확인을 위해 주요 중국 상업 은행과 블록체인 제휴를 시작했다. 블록체인에서 바이두와 푸동개발은행의 방향과 협력은 2018년에 시작된 것으로 보고되었으며, 양측은 금융 제휴 체인 플랫폼, 분산 디지털 아이덴티티, 데이터 프라이버시 컴퓨팅, 공급망 금융 등을 분야의 공동 혁신에 많은 투자를 했다.

구글은 자신들의 빅데이터 플랫폼인 빅쿼리를 기반으로 블록체인 ETL(for Extract. Transform. Load)을 운영 중이다. 블록체인 기반의 데이터 검색을 더욱더 개발하겠다는 것이다. 대표적으로 크립토코즘(Cryptocosm. 암호화를 통해 분권화된 세상)을 이용해 중앙 집권화되어 있는 데이터를 개개인에게 분산시키게 된다. 결국 구글의 최종 미션은 디지털 전략을 통해 인프라와 솔루션을 강화시키고 지원하는 것이다. 더불어 중앙 집권화된 생태계를 건설하는 것이다.

그뿐만 아니라 구글은 가상현실(VR) 플랫폼인 데이드림 (Daydream)을 선보였었다. 데이드림은 소프트웨어와 하드웨어 두 가지 시스템 모두를 가지고 있는 플랫폼이다. 가상현실로 게임뿐만 아니라 뉴스도 만나 볼 수 있다. 하지만 이 사업은 3년 만에 접었다. VR 플랫폼이 대중화되기에는 쉽지 않았던 이유로 이 사업에서 철수를 결정하게 된 것이다. 반면 바이두는 VR 사업을 꾸준히

하고 있다. 중국의 VR 시장 규모는 약 550억 위안(약 9조 4.600억 원)에 달한다. 바이두는 베이징에 인공지능 공원을 선보였고 VR 콘텐츠를 체험할 수 있는 환경 조성을 했다. VR로 태극권을 배우는 문화까지 만들었다.

2019년 5월 10일, 바이두 VR은 Cloud VR 및 5G 하드웨어 인프라와 결합하여 5G 클라우드 VR 교육 애플리케이션에서 전략적 협력을 통해 5G 환경에서 국내 최초의 실제 VR 교육 사례를 만들고 있다. 대표적으로 바이두의 VR 학습기는 바이두가 초등학교 및 중등학교, 박물관, 과학박물관, 공공 교육 등을 위해 개발한 소프트웨어 및 하드웨어 통합 VR 경험 및 자율 학습 솔루션 세트이다.

바이두 VR 교실은 특별한 환경을 제공한다. 마치 미래 교실을 상상하게 한다. 중국 자싱시에 있는 지수이 초등학교(嘉兴市吉水小学)에서도 VR 교실을 만들어 아이들에게 미래 디지털 교육을 진행하고 있다. 수업 내용은 자연과학, 예술 창작, 천문학 우주를 주요 범위로 다룬다. 바이두의 이러한 가상현실 교육은 인간-기계 지능형 안내 기능을 도입한 일상적 교육을 더욱 생생하고 효율적으로 만드는 데 기여하고 있다.

더 나아가 바이두 VR +(플러스)는 기업 산하의 동영상 플랫폼 아이치이의 콘텐츠를 기반으로 VR을 접목한 VR 동영상 플랫폼이다. 이 콘텐츠를 통하여 중국 최대 소셜 네트워크를 구축하는 것이 VR 플랫폼의 목표이다.

그런데 사실 이들뿐만 아니라 중국은 국가 차원에서 VR을 도입하여 적극적으로 활용하고 있다. 중국은행은 VR통(通)이라는 상품을 출시했다. VR 제조 대출, VR 교육 대출, VR 의료 대출, VR 의료 대출 등 상품을 출시하여 가상현실의 소비 시장을 한층 더 업그레이드시켰다.

최근에는 바이두가 동영상 스트리밍 비즈니스에 뛰어들어 중국 최대 라이브 스트리밍 업체 중 하나인 YY를 40억 달러(약 4조 5,600억 원)에 인수하겠다는 빅뉴스가 나오기도 했다. 이는 마치 과거 구글이 유튜브를 인수한 것을 연상케 한다. 이러한 조짐은 바이두가 구글에게 스트리밍 비즈니스 영역에서 새로운 도전장을 내민 것과 같다고 할 수 있다. 바이두는 생방송 스트리밍 비즈니스에 공격적인 열정을 붓고 있다. 바이두 이동 생태계 대회에서, '쥐넝지화(聚能计划. 에너지를 모으는 계획)'를 발표하고 5억 위안(약 851억 원)의 보조금을 투자해 생방송 관련 인재들을 육성하기로 했다.

종합하면, 바이두와 구글 모두 인공지능, 사물인터넷, VR 기술, 영상 스트리밍 등을 자신들의 생태계 가운데 유기적으로 통합시켜 생태계의 크기와 속도를 진전시켰다. 이러한 플랫폼들을 통해 상업화를 이루며 기초 인프라를 위한 설비 장치를 마련하고 있는 중이다.

CHAPTER 06

포스트 코로나 중국 경제

01

초연결 사회와
언택트 문화 확산

전 세계가 언택트(untact. 비대면) 시대에 들어갔다. 당연히 중국도 예외는 아니다. 오히려 중국이 먼저 언택트 시대를 맞이하여 바이러스 시대에 필요한 준비 단계에 들어섰다. 또한, 다시 코로나가 재확산되면서 다양하고 새로운 형태의 언택트 문화가 확산될 것이라 예상된다. 여기서 사실상 언택트라는 것이 완전한 사회 단절, 관계의 단절을 의미하지 않는다. 기술을 통한 언택트가 실행되기 때문에 어쩌면 가상 사회 속에서 연결된 삶을 살아가게 될 것이다. 다시 말해 언택트는 초연결 사회의 한 이면을 내포하고 있다고 볼 수 있다. 결국 코로나라는 바이러스로 인간의 힘은 나약하게 무너졌고 큐코노미(Qconomy. 격리경제) 속으로 들어갔지만 어쩌면 우리는 더욱 서로가 디지털로 연결된 대연결 사회에서 살아가야 할 임무와 사명이 더욱 뚜렷해졌다.

본론으로 들어가자면 언택트로 인해 중국 사람들의 가치관과 삶의 형태도 변하였다. 변화에 대응해야 하는 주체들은 개인뿐만 아닌 조직과 기업이다. 중국의 오프라인 유통업계는 울상인 반면, 온라인 업계는 반대로 웃고 있는 상황을 떠올려 볼 수 있겠다. 이는 17년 전인 2003년에 사스가 왔을 때 전자상거래가 오히려 부상한 상황을 연상케 한다. 그때 알리바바의 타오바오가 생겼고, 텐센트가 QQ 게임을 내놓았으며, 징둥(JD)이 출현하는 계기가 되며 인터넷 생태계가 만들어졌다. 그렇다면 포스트 코로나 시대, 미래 중국의 소비/구매 패턴은 어떠한 방향으로 흘러가고 있으며 어떠한 모습으로 변화될 것인가?

(1) 무인 점포가 증가한다.

중상산업연구원(中商产业研究院) 보고서에 따르면, 2020년 중국의 무인 유통 상점의 성장은 112.5%, 2022년까지 시장 거래액은 2조 4,000억 위안(약 401조 원)에 달할 것이라 전망하고 있다. 아이리서치 애널리스트들은 무인 상점은 미래 신유통, 신구매의 한 방식이라고 가리키고 있다.

무인 상점은 인공지능 기술을 사용하여 '물건 집고 바로 나가기, 무감 지급(접촉하지 않고 바로 지급/소비하는 것을 가리킴: 예를 들어 얼굴인식으로 지급, 식별을 통해 지급)'의 쇼핑 경험을 설계하고 있다. 코로나바이러스가 도는 동안 병원에도 무인 슈퍼마켓들이 세워졌다. 알리바바는 휘선산병원(火神山病院)에 무인 슈퍼마켓을 열었다. 마윈은 한때 전국에 10만 개의 무인 슈퍼마켓을 세울 것이라고 선포하였고, 징둥 CEO 류창동(刘强东) 역시 대량의 징둥 무인 슈퍼마켓을 세울 것이라고 하였다. 이러한 24시간 무인 상점들은 중국의 스마트 유통의 근간이 되어 라이프스타일에도 영향을 미칠 것이다. 이 상점을 이용하는 대부분의 사람은 80허우, 90허우들로 젊은 층의 사용률이 증가하고 있는 추세다.

포스트 코로나 시대, 서로 접촉하는 것을 위험하게 생각하고 꺼려지는 시대에, 무인 상점의 가치성은 더욱 높게 봐야 할 것이다.

(2) 윈징지(云经济, 클라우드 경제)로 업그레이드된다.

클라우드 플러스 경제가 활성화된다. 원격 의료, 원격 근무, 원격 수업 모두 클라우드 기술을 기반으로 운영된다. 대표적인 것이 '5G + 원격 의료 시스템' 융합을 적극적으로 추진하고 있다. 산둥성에 있는 한 병원은 중국 텔레콤 제남 자회사의 기술과 함께 원격 의료 시스템을 갖추기 위해 노력해 왔다. 5G와 함께 중국의 미래 병원의 모습은 온라인 문진, 가상 병원으로 나타나게 될 전망이다.

ZTE와 쓰촨 텔레콤(四川电信), 쓰촨대학 화시병원과 함께 5G 원격 회진을 선보였고, 차이나 모바일(中国移动) 또한 5G 적외선 열 체온계 애플리케이션을 출시하였다. 우한 훠선산병원에서도 원격 회진 플랫폼을 성공적으로 선보였으며, '인터넷 + 의료' 발전을 가속화하고 있다. 치엔짠 산업연구원(前瞻产业研究院)에 따르면 2025년 원격 의료 시장은 803억 위안(약 13조 4,300억 원) 규모로 성장할 것이라 전망하고 있다.

⑶ **신선식품에 대한 선호도가 증가한다.**

중국 최대 배달 서비스 업체인 메이투완은 2019년 신선식품 온라인 서비스인 차이따췐(菜大全)을 선보였었다. 차이따췐은 전통 시장과 협업하여 일을 하고 소비자가 주문하면 집 앞까지 배송을 하는 방식으로 서비스를 제공하고 있다. 유로 모니터에 따르면, 2023년 중국의 신선식품 시장은 6조 위안(약 1,003조 원)을 돌파할 것이라 예상하고 있다.

이때 전자상거래가 신선식품을 구매하는 아주 중요한 통로가 된다. 데이터에 따르면, 2020년 춘절 기간 중 신선식품 문 앞 배송 플랫폼의 이용자는 일 평균 879만 명으로 통계되었다. 중앙재경대학 중국 인터넷 경제연구원 기사에 따르면, 중국 정부 드라이브에 힘입어 신선식품 전자상거래 기업들이 증가할 것으로 전망된다고 밝혔다.

수닝과 까르푸는 신선식품 유통을 위한 전략적 파트너십을 맺어 품질을 보장하고 가격을 낮추어 소비자에게 공급하는 혜택을 제공할 것이라 밝혔다. 소비자들은 까르푸 샤오청쉬, 수닝 APP를 통해 주문하면 1시간 만에 식품을 받아볼 수 있는 경험을 할 수 있도록 계획을 추진하고 있다. 많은 중국인이 건강을 중요시하기 시작했다. 따라서 신선식품 이외에도 건강 바이오 식품들이 증가할 것으로 예측된다.

(4) 생방송 판매가 늘어난다.

중국의 홈이코노미(宅经济, Home Economy)는 기업들의 생방송 판매 마케팅으로 이어졌다. 많은 사람이 몇 개월 동안 집에만 있자 기업들은 극단적인 결과인 파산을 면하기 위해 소비자들과 소통하기 위해 나서기 시작했다.

타오바오에서 2분기에 발표한 타오바오 경제난보(淘宝经济暖报)에 따르면, 타오바오 판매자들의 생방송 규모는 전년 대비 50% 증가하였다고 한다. 상하이 스킨케어 브랜드 린칭쉬엔(林清轩)은 15일 동안 타오바오 생방송을 통해 전년 대비 145% 성장하였고, 온라인 업무 비중이 90%를 차지하였다고 밝혔다. 코로나 이후로 전국에 157개 점포가 문을 닫았고 과거 온라인 비중은 25% 밖에 차지하지 않았던 브랜드였다. 이들은 1,600명을 온라인에서 제품을 판매하도록 훈련시켜 생방송에 투입시켰다. 단언 이 브랜드뿐만 아니라 작은 꽃 가게, 점포들도 생방송을 통해 마케팅을 진행하여 소비자와 소통을 하고 구매를 촉진시키는 데 역할을 톡톡히 하고 있다.

KPMG와 알리연구원에서 공동으로 발표한 〈1조 위안 시장을 향한 라이브 전자상거래〉 보고서에 따르면, 2019년 라이브 커머스 전체 시장의 규모는 4,338억 위안(72조 5,400억 원)에 달하였다고 한다. 코로나를 기점으로 소비자와 대면할 수 없게 되자 점점 많은 기업이 라이브 커머스 시장에 뛰어들고 있는 것이다.

⑸ 홈서비스가 증가한다.

집에 있는 시간이 늘면서 사는 구매 용품에도 변화가 생겼다. 이른바 자이징지(宅经济)라 불리는 홈코노미가 일으킨 결과물이다. 체력 단련용 기구(헬스기구)가 증가하였다. 그 밖에도 가구용품, 주방용품에 대하 수요도 급증하여 이들의 판매량은 전년 대비 40%나 증가하였다고 한다.

집에 있는 시간이 늘자 중국 사람들의 가정, 건강에 대한 인식 또한 변화되었음을 알려주고 있다. 특히 건강에 대한 수요가 급증하며 소비관이 예전보다 성숙해지고 있다. 게임에 대한 수요 역시 증가하였다. 다운로드 양도 전년보다 대폭 증가하였다. 사람들의 홈 라이프스타일을 바꾸고 있다. 60% 이상의 사람들이 온라인 동영상을 보거나 쇼트 클립으로 밖에서의 오락, 엔터테인먼트를 대체하였고, 52.1%의 네티즌들은 핸드폰으로 게임을 즐겨하였다고 한다. 집에서 어떻게 하면 시간을 잘 보내고 잘 놀까 고민하는 중국인들이 급증하고 있다. 따라서 이제는 새로운 홈 라이프스타일에 대한 설계가 필요한 시점이다.

⑹ 무현금, 노월렛(No Wallet) 사회가 훨씬 더 빨리 다가온다.

사실상 중국에는 무현금, 노월렛 사회가 진작부터 성장해온 분야이다. 그러나 포스트 코로나 시대 중국의 무현금 사회는 더욱더 눈에 띄게 될 것으로 보인다. 결국 코로나바이러스는 무현금 사회를 가속화하고 디지털 화폐의 연구를 촉진시켰다고 할 수 있다.

중국의 무현금을 통한 이동 모바일 결제 규모 시장은 미국의 50배이다. 2020년 1분기 이동 지급 시장 거래 규모액은 56.7억 위안(약 9,500억 원)에 달하였다. 전년 대비 2.3% 성장하였다. 앞으로는 모바일을 통한 페이먼트 시장, 알리페이, 위챗페이의 시장이 더욱 확대될 것으로 보인다. 따라서 QR 코드의 사용률은 더욱 높아지고 중국인들의 삶에 더 밀착될 것으로 내다보고 있다.

중국 시장 소비에 신창타이(新常态, New Normal. 새로운 경제 상태) 시대가 이미 왔음을 알려주고 있다. 기존 중국이 가지고 있던 디지털 소비 시장이 한층 더 업그레이드되었다. 물론 이에 따른 온라인 유통 시장과 모바일 콘텐츠 서비스가 더욱 활발해질 것이다.

⑺ 디지털 노마드족이 출현한다.

인터넷에 의존하여 사람들은 더욱더 유연적인 생활을 하게 될 것이다. 스마트 워크가 가능해진 시대가 왔다. 클라우드 기술로 원격 근무와 원격 수업이 편리해진 중국인들은 더 이상 시공간에 제약받지 않고 있다.

따라서 조직의 고정적인 방식에 얽매이지 않고 자신의 라이프 밸런스를 추구하며 살고자 하는 사람들이 증가하게 된다. 인터넷을 통해 지식을 공유하고 수업과 조직에 보다 더 창의적으로 참여한다. 이러한 환경을 뒷받침해 줄 수 있는 공간들도 많이 생겨나게 될 것이다. 무엇보다 한 곳에서 일해야 한다는 정형화된 사고방식을 탈피하고 이동하며 일하고 생활하는 사람들이 많아지게 된다. 장소에 구애를 받지 않고 소속감에 대한 전통적 책임 또한 흐려지고 있지만, 디지털을 통한 더 연결되고 투명한 삶이 요구된다.

(8) 스마트 택배 서비스가 실현된다.

당일 배송 서비스와 함께 스마트 택배의 시대가 가까워졌다. 기존에는 택배원이 집 앞까지 배송해 주는 시스템이었다면 앞으로는 스마트 택배함이 증가하게 될 것이다. 중국에는 이미 아파트 단지, 회사, 빌딩, 상가 등 다양한 장소에 스마트 택배함들이 많이 있다. 현재 중국의 스마트 무인 택배함의 수는 전국에 40만 개가 넘는다.

향후 로봇의 택배 배달, 드론 택배 배달을 하는 서비스도 증가하게 될 것이다. 중국 로컬 택배 회사 중 순펑 익스프레스(SF express)가 처음으로 드론 항공 운영의 허가증을 얻으며 드론 택배 서비스를 연구하고 있다. 스마트 택배 서비스는 5G가 발전하면서 4K 이상 고해상도를 통해 데이터를 실시간으로 전달하고 처리하여 어디까지 날아가고 있는지 볼 수 있는 관리가 더욱 편리해지고 가능해질 것이라고 보고 있다.

(9) 고령화 인구가 급증하여 늙은 사회가 온다.

2020년 중국의 노년 인구수는 2억 명을 돌파한다. 2050년 최고점(약 5억 명)을 찍게 되어 이미 중국은 고령화 사회를 겪고 있다고 볼 수 있다. 2030년 총 인구수의 25%를 차지하게 된다(60세 이상 인구 비중. 2030년 25%. 2050년 35%). 이러한 현상은 우리에게 중국 진출을 위한 또 하나의 기회로 작용될 것으로 보여진다.

그럼 중국 기업과 국가는 어떻게 고령화 시대를 준비해 나아가고 있을까? 노인 케어 산업을 준비 및 확장해 나아가고 있다. 전국 요양원을 확장해 나아가고 있으며, 그 안에 있는 케어 서비스도 개선하고 있다.

중국보다 한국이 앞서 있는 요양원, 실버 서비스를 중국에 진출하는 것도 중국 비즈니스의 막힌 담을 헐어버릴 수 있는 또 하나의 방법이 될지도 모른다. 코트라에 따르면, 휠체어, 성인용 기저귀, 성인용 분유, 기능성 신발 등을 급부상할 실버 제품으로 꼽고 있다.

(10) 건강을 추구하는 젊은이들이 급증한다.

20~30대 사이의 젊은이들이 자신의 삶에서 최고의 신체적 기능과 에너지를 추구하는 행동이 점점 증가하고 있다. 많은 중국의 젊은 청년들이 건강에 대한 무력감을 드러내었다. 국민의 건강 인식이 총체적으로 높아지고 있다. 건강식품 소비량도 꾸준히 증가하고 있으며 90허우, 80허우는 건강식품 소비의 주력이다. 95년생 이후 집단들의 소비 증가율도 나타나고 있다고 한다.

국민 음료 브랜드 왕로지에도 중국의 건강 성분과 서구에서도 슈퍼푸드로 알려진 성분들을 넣은 건강 음료를 출시했다. 타깃은 청년층이다. 왕로지에뿐만 아니라 중국 KFC, 맥도날드도 녹색 캠

페인에 동참하고 있다. KFC는 녹색(친환경) 식당인 KPRO를 열어 채소 위주의 샐러드와 천연 음료 등을 출시하여 소비자의 주목을 끌었다. 1호점은 항저우에, 2호점은 베이징에서 운영되고 있다.

중국 사람들은 예부터 건강을 매우 중요시하는 습관을 지니고 있다. 중의학이 발전한 나라이며 아직까지 커피보다는 몸에 좋은 차를 즐겨 마실 정도의 문화가 남아 있다. 앞으로 중국의 건강과 관련한 시장에 수요들을 발견하여 새로운 비즈니스를 모색하는 것도 좋은 방법이 될 것이다.

| 포스트 코로나 중국경제 |

화폐 전쟁은 일어날 것인가?

코로나바이러스 기간 동안 비접촉 상호작용, 안전 및 건강에 대한 수요가 증가했다. 동시에 세계는 디지털 통화, 데이터 응용 및 인공지능으로 대표되는 디지털 경제로 크게 발전하고 있어 중국과 각국은 디지털 전환의 가속화 시기에 들어갔다. 더불어 미·중 무역 전쟁과 팬데믹 현상이 겹치면서 그 사이 패권을 잡으려고 하는 국가들이 보였는데, 대표적인 국가가 중국이다.

원래 역사적으로 미국이 자유주의를 중심으로 패권을 잡고 있던 나라였고 국제 경제 질서의 리더였지 않는가. 그런데 미국의 입장에서 보면 중국이 국제 경제 질서를 붕괴하면서 쉽게 수용될 수 없는 관계로까지 임박하였다. 미중 무역 전쟁의 패권 싸움 역시 바로 디지털 전쟁과 떼려야 뗄 수 없게 되었다. 화웨이는 미국에서 쫓겨나는 위기를 경험했지만, 바로 영국에 11억 5,000만 달러(약 1조 2,500억 원) 규모의 R&D 센터 건설을 승인받았다. 틱톡 역시 미국이 때리기 시작했지만 아일랜드에 6,000억 원 규모의 데이터 센터를 짓겠다는 기사가 실렸다.

　결론부터 말하면, 이러한 디지털 전쟁에 끝은 바로 화폐 전쟁이다. 화폐 전쟁은 더 나아가 완전한 경제 통합을 의미한다. 그리고 경제 통합은 공동 시장의 주권을 잡고 무역의 패권을 잡음으로서 새로운 질서를 세우는 것이다. 현재 화폐 전쟁의 상황은 이렇다. 유럽 중앙은행(ECB), 미국 연방준비은행(FRB)에서는 디지털 통화의 시행을 촉진하기 시작했다. 도이치뱅크에 따르면, 영국, 유로존, 일본, 캐나다, 스웨덴, 스위스는 3년 안에 범용 디지털 통화를 발행할 수 있다고 한다. 많은 국가가 디지털 화폐 시대를 준비하고 있다.

　그러나 이 패권 질서에서 중국이 먼저 총성을 울렸다. 중국 매체에 따르면, 코로나 팬데믹으로 사람들이 현금에 덜 의존하고 있지만 중앙은행의 디지털 통화를 통해 이 시기를 극복할 수 있다고 믿는다고 보도했다. 중국의 디지털 화폐 굴기가 빠른 속력을 내고 있다. 이는 다른 나라들에게 위협적으로 다가오고 있다. 그렇다면 중국의 디지털 화폐 성장은 어디까지 왔을까. 중국 중앙은행은 디지털 화폐 DCEP(Digital Currency Electronic Payment) 발행을 위해 2014년부터 6년간 연구를 진행해 왔다. 미국을 넘어 통화 질서를 바꾸려 하는 것이다.

중국은 영국의 원유회사인 BP(British Petroleum. 브리티시페트롤리엄) 회사와 중국 위안화로 거래를 시작했다. 석유 자원을 달러가 아닌 위안화로 거래했다는 것은 세계적인 기축통화로서 한 걸음 내딛겠다는 중국의 일종의 반격이기도 하다. 미국을 향한 또 한 번의 패권에 대한 도전이라고 할 수 있다. 중국 인민은행 디지털 화폐 연구 관계자 말에 따르면, DCEP는 쑤저우, 슝안신구, 청두, 선전에서 시범적으로 사용될 것이라고 한다. 5월부터는 교통의 50%가 이 디지털 화폐 형식의 전환으로 바뀔 것으로 전망되며 쑤저우에 있는 4대 은행은 이미 각 기관과 기업들에게 디지털 화폐를 발행한 것으로 보도되었다.

알리페이, 위챗페이 대신할 수 있어

———

중국 사람들은 이미 모바일 페이에 익숙하여 디지털 화폐가 정식 발행된다면 급속도로 삶에 이 변화와 기술들을 흡수하게 될 것으로 예상된다. 사실 중국은 역사적으로 한 차례 화폐를 통일시킨 경험이 있는 국가이다. 진시황 때에 자국의 화폐를 통일했으며 본격적으로는 기원전 2세기 때 오수전을 120년 동안 발행해 왔었다. 사실 중국에서 처음으로 세계 최초 지폐가 탄생되기도 하였다. 철전을 토대로 교자를 지폐로 발행한 것 바로 '교초(交钞)'이다.

현재 중국의 이동 모바일 페이 사용자 규모는 10억 명에 달한다. 모두가 QR코드를 이용한 쯔푸바오(支付宝, 알리페이), 웨이씬 페이(微信支付, 위챗페이)를 사용하고 있다. 최근 중국 매체들의 의견을 종합해 보면, 앞으로 쯔푸바오와 웨이씬 페이가 디지털 화폐에 의해 자리가 위협받게 될지도 모른다는 우려의 목소리를 전했다.

DCEP에는 QR 스캔 기능, 입금 기능, 송금 기능 등이 있다. 또한, 가장 편리한 점은 인터넷이 없어도 거래가 가능한 것을 장점으로 꼽을 수 있다. 기존의 쯔푸바오와 웨이씬 페이는 인터넷이 연결되어야지만 사용할 수 있었다. 디지털 화폐는 중국 농촌 지역 사람들을 포함한 다양한 계층의 사람들이 사용할 것으로 전망된다.

이로써 중국의 진짜 현금 없는 사회가 한층 더 업그레이드되었다고 볼 수 있다. 조금은 위협적이긴 하지만 중국이 디지털 화폐를 통해 경제 통합에 들어갔다는 사실을 부인하지 않을 수 없다. 이러한 현상들은 마치 9·11 테러로 미국이 혼란을 겪고 있을 때 중국이 성장했던 상황을 떠올리게 한다. 지금 역시 미국과 유럽이 팬데믹 현상으로 혼란을 겪고 있는 틈을 타 중국이 자신들만의 성공 방정식과 생태계를 만들고 있다는 사실을 직시해야 할 것이다.

디지털 위안화로 미국에 도전

———

디지털 화폐는 페이먼트 생태계 구조의 재조정을 의미하기도 한다. 모바일 페이에서 기존 은행들의 생존 공간이 확장되었다. 이 디지털 화폐는 교통, 교육, 의료 등 다양한 서비스 장면과 함께 하게 된다. 그러나 주요 목표는 원자재에 디지털 화폐를 사용하여 경제의 패권을 쥐려 하는 것이다. 즉 기축통화를 쥐고 흔들려는 것이 중국의 목표임을 알 수 있다. 1,000억 위안(약 16조 7,200억 원)의 디지털 위안화를 풀어 기축통화의 질서를 재편하려 하고 있다.

과연 미국의 입장은 어떠할까? 매우 불편할 것이다. 미국은 아직 정확한 입장을 표명하진 않았다. 그러나 페이스북의 창립자 저커버그(Mark Elliot Zuckerberg)가 청문회에서 "우리가 고민하는 동안 중국은 몇 달 안에 움직일 것이다."라고 했던 것처럼 중국의 움직임이 무섭고 심상치 않다.

〈시장 중심의 요소 구성을 위한 완벽한 시스템 및 메커니즘 구축에 대한 중공중앙국무원 의견〉 보고서에서 중국은 토지, 노동력, 자본, 기술, 데이터 5개의 요소 측면에서 개혁의 방향을 찾을 것이라고 밝혔다. 그러면서 정부의 디지털 개방 공유와 사회 데이터 자원 가치를 올리고 데이터 자원을 정합시키고 안전하게 보호하는 것을 강화할 것이라고 전했다.

좋은 취지에서는 DCEP는 디지털 화폐의 개혁으로서 중국이 더욱 안전하고 편리하며 빠른 금융 지급 시스템을 건설한다는 것을 가리키고 있다. 그러나 여전히 세계 각국들은 우려의 목소리를 낼 것이다. 디지털 위안화를 통한 세계 경제 체제를 중국 자신들 손 안에 쥐락펴락하려고 하는 속내가 보이기 때문이다. 앞으로 새로 운 형태의 가상 은행이 생겨나고 디지털 은행이 생겨나는 것은 더 이상 이상한 일이 아닐지 모른다.

중국 인민은행은 각 ICT 기업들과 전략적 합작을 추진하고 있다. 대표적으로 징둥 산하의 블록체인, 사물인터넷 등 기술을 연구하 는 징둥 수커(京东数科, 징둥 디지털 테크놀로지 홀딩스)와 공식적으로 전략 적 협력을 맺었다. 징둥 수커에 따르면, 양측은 DCEP 프로젝트를 기반으로 공동으로 모바일 기술 플랫폼 인프라, 블록체인 기술 플 랫폼 등을 건설하기로 하였다. 따라서 디지털 위안화의 이동 모바 일 응용 단계를 심화하며, 온라인 및 오프라인에서도 사용될 수 있 도록 하는 생태계 건설에 함께 추진키로 하였다. 디지털 위안화를 기반으로 미래 중국에는 새로운 신형 상업 모델이 생겨나게 될 것 이며 기업, 소비자, 사회, 경제, 조직은 신용 데이터 인프라 건설과 디지털 경제를 기초 삼아 사회 발전의 '초연결 사회'를 경험하게 될 조짐이 보이고 있다.

CHAPTER 07

중국의 디지털
플랫폼 전략

| 중국의 디지털 플랫폼 전략 |

중국 디지털 시대는 어떤 방향으로 발전할 것인가? (2020~2030년)

정부는 한국판 뉴딜 정책을 세우기 위해 20조 원을 투자했다. 비대면 사업, SOC(Social Overhead Capital, 사회간접자본) 디지털화 사업이 한국판 뉴딜에 속한다. 뉴딜 정책의 핵심은 산업의 디지털화이다. 과연 디지털화 전략은 무엇인가? 무엇을 가리키는가? 디지털화는 빅데이터, 사물인터넷, 인공지능 등 4차 산업혁명 기술에 의한 시스템과 운영의 디지털 전환을 가리킨다.

이러한 디지털 전환은 디지털 기술을 이용해 기업 조직의 업무 방식을 변화시키거나 기업 문화를 더욱 혁신적으로 이끈다. 이동 모바일, 웹, 소셜네트워크, 빅데이터, 머신러닝, 인공지능, 사물인터넷, 클라우드 등 일련의 기술들을 이용해 조직에 새롭고 차별화된 가치를 부여한다. 이는 새로운 서비스를 창출해 내어 사람들에게 차별화된 경험 가치를 제공한다. 더 강조하자면 디지털화로서의 전환은 IT의 전환, 업무의 전환, 생산력의 전환, 기업 문화의 전환을 더욱 의미한다.

그렇다면 중국의 디지털화 전략은 어디까지 와 있는가? 그리고 어떠한 비전과 방향을 추구하고 있는가? 기업들의 움직임을 보자. 알리바바는 항저우에서 열린 알리바바 ONE 상업 회의에서 "Share ONE Digital Future"이라는 슬로건을 외쳤다. 이는 많은 기업과 협력하여 디지털 경영을 이루어간다는 것이다. 과거 중국은 영토적, 거시적인 면에서 하나의 중국을 외치고 있다. 그러나 지금은 하나의 '디지털 중국'을 바라보고 있다. "Share ONE Digital Future" 구호처럼 말이다.

디지털화 전환의 선택은 기업의 생과 사를 결정하는 데 영향을 미친다. 더 나아가 이젠 국가의 존망을 가르게 하는 도구가 되어버렸다. 알리바바의 경쟁자 징둥은 이를 놓칠세라 새로운 디지털 전략을 들고 나섰다. '지불(payment) + 재테크, 지불 + 신용대출' 모델이다. 중국 은련(銀聯)과 합작하여 제3의 지급 전략 합작 관계를 맺었다. 페이먼트 시스템을 징둥의 생태계에 넣겠다는 것이다.

한국도 코로나 이후로 플랫폼 서비스 사용에 대한 의존도가 점점 더 높아지고 있다. 우리가 사용하는 카카오톡이 우리의 일상을 얼마나 지배하는지를 느껴보면 짐작할 수 있을 것이다. 검색 엔진 사이트 네이버도 내년 사업의 핵심을 금융 플랫폼으로 정하였다. 네이버 파이낸셜은 미래에셋대우와 연계한 네이버 통장을 포함해 여러 주식, 보험 상품을 내놓겠다고 하였다. 이들의 행보만을 보더라도 우리는 짐작할 수 있다. 더 이상 한 분야, 한 산업에서 자리를 잡고 경영하는 시대는 지났다. 기업들은 이제는 필수적으로 플랫폼화 전략을 사용하여 새로운 비즈니스에 도전하고 자신들의 생태계 확장에 힘을 쓰고 있다.

플랫폼 경제 시대에, 기업과 기업 간 전쟁은 곧 플랫폼 vs 플랫폼 경쟁이 될 것이라 예측된다. 플랫폼을 통해 형성되는 네트워크의 규모는 점점 더 커질 것이며, 이에 얽혀 있는 사람들 또한 증가할 것이다. 데이터들이 점점 모이며 사회는 더욱더 빠르고 편리한 리듬의 소비 패턴, 라이프스타일을 요구하게 될 것이다.

그리고 플랫폼의 경쟁은 더 치열해질 것이다. 플랫폼 생태계 속에 지배당하는 자가 되던가, 그 플랫폼을 세우는 사람 두 분류의 그룹이 생겨나게 될 것이다. 전 세계가 디지털 경제, 플랫폼 경제를 직면하고 있는 현재, 시진핑은 디지털 중국과 스마트 사회를 강조하였다. 디지털 경제에는 플랫폼 경제, 공유경제, 이동 모바일, 인공지능, 사물인터넷 등이 포함된다.

2020년 11월 중국 종합개발원(综开院)에서 발표한 〈중국 디지털 경제의 길〉 보고서에 따르면, 2025년 중국의 디지털 경제 규모는 80조 위안(약 1경 3.400조 원)으로 성장할 것이라고 전망하고 있다. 디지털 경제에서는 수요자와 공급자 간의 서로 가치 교환을 창출하고 전달해야 하는 사명을 가지고 있다.

중국 기업들의 플랫폼 조직

바이두가 기업 내 인공지능 시스템 조직을 업그레이드하였다. 인공지능 기술 플랫폼 시스템인 AIG(AI Group), 인프라 기술 시스템인 TG, 바이두 스마트 클라우드 사업 조직인 ACG를 통합하여 AIG라 부르고 한층 더 업그레이드하였다. AIG에는 스마트 클라우드 사업부인 ACG와 기술 미들코트 조직인 TPG를 포함시켰다.

2019년 3분기에 따르면, 바이두 인공지능 개방형 플랫폼에 개발자 수는 150만 명을 넘어섰다고 한다. 개발자들은 바이두의 개방형 플랫폼을 통해 음성 식별, 자연어 처리 등 여러 가지 기술 개발을 할 수 있다. 이렇게 중국은 기업에 인공지능 기술 조직을 철저히 개편하고 육성하는 데 총력을 기울이고 있다.

텐센트의 텐센트 클라우드는 최초로 블록체인 플랫폼을 선보였다. 산업 블록체인 연맹을 열어 각 다양한 산업에 블록체인을 상용화하겠다고 밝혔다. 클라우드 기반의 블록체인 플랫폼이다. 블록체인 중심의 핵심 기술 창업 혁신은 중국 정부의 희망 사항이기도 하다. 선전시는 블록체인 기술 응용과 산업의 발전을 더욱 박차고 이를 활용해 스마트 도시의 성장성을 더욱 열어두고 있다.

또한, 앞서 언급한 것과 같이 QQ 음악 개방형 플랫폼을 열어 다양하고 많은 음악인과 아티스트가 입주할 수 있도록 공간을 열어 놓았다. QQ 플랫폼에 입주한 아티스트들은 자신의 작품을 관리할 수 있고 직접 홍보나 마케팅을 할 수 있으며 팬들과 소통할 수 있다. 이렇게 QQ 플랫폼은 다양한 음악 자원들을 흡수하고 합작하여 수요자와 공급자가 원하는 지점을 만드는 방향으로 나아가고 있다.

텐센트는 BMW와 합작하여 자동차 플랫폼 생태계를 만들 계획이다. 생태계에 들어가는 통로는 간단하다. 위챗 샤오청쉬를 통해 모든 정보를 검색한다. 뉴스 알림, 맛집 찾기, 엔터테인먼트, 교육 등 다양한 분야의 정보를 누릴 수 있도록 할 계획이라고 한다. 차량 및 모바일 단말기에 디지털 플랫폼을 통합, 장착하는 방식을 통해 이 모든 것들이 이루어진다.

알리바바는 알리바바 클라우드 알리윈을 통해 '신제조' 시대를 열고자 한다. 공장 + 디지털 전환을 이루어 앞으로 시대에 중소기업들이 성장할 수 있는 발판을 마련하는 것도 노력하는 일환 중 하나이다. 알리바바에 따르면 중소기업들이 주문에 대한 어려움과 융자에 대한 어려움을 가지고 있다고 밝혔다. 이에 대응하여 알리윈은 공업 인터넷 플랫폼이 기업에게 데이터를 제공하고 제3의 금융 기관을 통해 저자본 융자를 받을 수 있도록 돕고자 한다.

리커창 총리는 〈정부 공작 보고〉에서 '플랫폼 경제 발전을 촉진시키자'라고 말했다. 그뿐만 아니라 '인터넷+(인터넷 플러스)' 플랫폼을 통해 새롭고 빠른 신성장의 동력을 촉진시키자'라는 입장이다. 이는 향후 중국의 미래 발전의 거대한 잠재력이 있다고 말했다. 시진핑은 "디지털 중국을 건설하기 위해서는 중국 발전의 새로운 역사적 위치에 적응하고, 새로운 개발 개념을 종합적으로 구현하며 새로운 에너지를 정보와 함께 길러, 새로운 발전과 새로운 영광으로 창출해 내야 한다."라고 말했다.

최근 몇 년 동안 'Digital China'는 큰 발전을 이루었으며 빅데이터, 인공지능, 사물인터넷 및 블록체인으로 대표되는 디지털 기술은 4차 산업혁명의 중요한 부분이 되었다. 중국은 산업 디지털화(산업에 전반적으로 디지털 기술을 접목하는 것)를 적극적으로 추진하고 있으며 디지털 경제와 실물 경제의 긴밀한 통합을 주도하고 고품질 경제 개발을 추진하고 있다.

2020년 중국의 디지털화 전략 중 가장 큰 특징은 디지털 정부 중심으로 움직이고 있다. 디지털 정부란 인터넷 기반의 데이터를 중심으로 전체적인 정부의 운영 모델 방식을 가리킨다. 업무의 디지털화, 빅데이터 활용이 일상의 업무화로 확산된다. 디지털 플랫폼 기업은 중국의 창업 혁신과 기업가 정신을 북돋는다. BAT 기업의 디지털화 전략이 어떻게 움직이느냐에 따라 중소기업들도 같이 시도를 한다. 새로운 플랫폼 중소기업들이 성장하고 있다.

중국에서 플랫폼 기업의 설립은 단언 대기업의 이야기만이 아니다. 그러면 중국에 이러한 플랫폼 중소기업들이 많이 생겨나고 있는 이유는 무엇일까? 플랫폼 중소기업을 중국에서는 샤오얼메이

(小而美, 작지만 아름다운, 작지만 뛰어난)이라는 표현을 쓴다. 그만큼 이들의 발전 잠재력이 무궁무진하다는 것을 앞으로 내다볼 수 있음을 암시한다. BAT를 따라 중소기업들이 움직인다. 또 BAT는 정부의 정책 지시에 따라 움직인다.

중국 최대의 전기자동차를 생산하는 BYD(比亚迪, 비야디) 또한 네트워크를 치고 나섰다. BYD Auto 스마트 개방형 플랫폼(Smart Open Platform)은 세계 최초의 자동차용 개방형 플랫폼이다. 자동차 산업 발전에 근거하여, BYD는 먼저 자동차 내에 API를 탑재했고 이것을 전 세계의 개발자들에게 공개 공유했다. 개발자들 입장에서는 매우 좋았다. 그들은 이 스마트 개방형 플랫폼을 통해 새로운 기술과 콘텐츠를 자동차 내에 도입할 수 있게 되었다.

대표적으로 비야디의 DiLink 플랫폼을 통해 개발자들에게 342개 센서와 66개의 제어권의 자원을 제공하였다. 또한 음악, 동영상, 여행, 맛집 등의 APP를 담아 자동차와 자동차 라이프 스타일에 대한 개념을 다시 정의한 것으로 주목받고 있다. 이러한 비야디의 움직임은 그들의 전기자동차 플랫폼 전략이 애플이 개발자들에게 제공하는 전략과도 닮았다고 한다.

우리는 계속해서 플랫폼에 대해 이야기해 왔다. 플랫폼 기반 엔터프라이즈를 구축할 수 있는 능력을 향상시켜야 한다. 플랫폼 기반 기업의 본질은 산업 생태계를 만드는 것임을 기억해야 한다. 동시에 플랫폼의 책임은 산업 개발 환경을 조성하여 산업 생태의 다양한 요소를 플랫폼에 축적하고 상호작용을 통해 사회적 가치를 창출해야 하는 것이다.

그 측면에서 본다면 향후 중국 사회는 네트워크 플랫폼으로 인해 파생되는 상호작용과 가치 단위가 더욱 끈끈해질 것으로 예측된다. 그 말은 다양한 각 산업에서 플랫폼형 비즈니스 모델들이 생겨나며 전통적인 모델들을 완전 탈바꿈시켜 가고 있다는 말이다. 산업 지형이 흔들리고 있다.

알리바바, 바이두, 텐센트 말고도 후발 주자로 따라오고 있는 완다, 수닝 등 기존 유통 기업들이 빅데이터 등 과학기술을 사업에 도입하여 기업 계열을 확장시키고 있다. 완다 계열사 완다신시(万达信息. 완다 정보)는 원저우의 물류 정보 플랫폼 회사와 합작하여 '블록체인 + 금융 서플라이체인' 시스템을 만들기로 협약하였다.

수닝 역시 블록체인을 활용해 '블록체인 + 스마트 소매(리테일)' 전략을 도입하였다. 리테일은 블록체인의 중요한 영역 중 하나이다. 과거 전통 리테일 기업이었던 수닝은 미래 시나리오에 블록체인 서비스 플랫폼을 도입하였다. 이를 바탕으로 리테일, 물류, 금융, 서플라이 체인 등 다양한 산업 영역에 도전장을 내밀 준비를 하고 있다. 개방, 공유, 공동 창조, 혁신의 이념을 기반으로 블록체인 기술을 이용해 소비자와 소매상, 브랜드 업체, 제조업체들에게 업그레이드된 소비를 제공한다.

중국 글로벌 기술의 가치 사슬 통합

영화 〈친구〉에서는 "개길 생각도 못하게 밟아줘야 한데이."라는 명대사가 나온다. 트럼프 정부는 중국이 미국의 기준을 뛰어넘지 못하게 많은 부분에서 제재를 시도하였다. 문제는 새로운 짱이 등장하면 판도는 달라진다는 것이다. 그 짱은 누구인가? 미국의 입장에서는 바로 중국이었다. 최근 몇 년 동안 중국은 급속한 기술 혁신을 목격했으며, 디지털 경제와 인공지능 기술의 세계적인 강국이 되었으며, 많은 기술 분야에서 세계 최대의 소비자가 되었다. 2017년 통계에 따르면, 중국의 휴대전화 판매는 전 세계 판매의 40%, 전기 자동차 판매는 64%, 반도체 소비는 46%를 차지했다. 중국 시장은 많은 첨단 기술 회사에 중요한 성장 기회를 제공했다. MSCI(Morgan Stanley Capital International Index)의 통계에 따르면 미국 정보 기술 수입의 14%는 중국에서 나온다.

디지털화, 자동화 및 인공지능 기술 시대에 지속적인 혁신은 중국 경제 발전의 핵심 원동력이 되었다. 특히 기술은 세계와 중국의 경제 관계가 어떻게 발전했는지를 검토할 때 가장 중요한 관심사다. 중국은 여전히 외국 기술에 대한 자원이 필요하기 때문에 현지 혁신을 촉진하고 생산성을 높이려면 외국 기술에 대한 접근성을 유지하면서 자국의 자체 기술력을 강화할 수밖에 없다.

세계 각국은, 특히 선진국에서 중국의 과학기술의 빠른 발전에 점점 더 많은 관심을 기울이고 있다. 그러나 이것은 점점 중국 발 데이터에 대한 경각심으로 번지고 있다. 중국이 다른 국가들로 부터 카피 메이킹을 하는 행위 또는 정보 유출에 대한 의심을 하는 부분이 여전히 존재하기 때문이다. 그중 이스라엘에 대한 투자를 아끼지 않고 있는 사실만 보아도 중국의 행동 방식을 짐작할 수 있다. 2016년만 해도 중국이 이스라엘 스타트업에 투자한 금액만 160억 달러(약 17조 4,000억 원)에 이른다. 또한, 이스라엘 스타트업의 20%가량은 차이나 머니의 투자를 받았다. 알리바바 역시 이스라엘의 AR 스타트업 인피니트를 인수하였다. 이뿐만이 아니다. 중국은 군사, 농업 분야에서도 이스라엘과 협력하여 선진 기술을 흡수하려고 하고 있다.

그렇다. 중국은 외국의 선진 기술을 자국 내 거대한 14억 시장과 연결하여 방대한 산업을 육성하고자 한다. 중국의 기술이 선진국 궤도에 달하면서 그들은 기술과 시장이라는 두 마리의 토끼를 다 잡았다. 일부 국가에서는 외국 기술 인수에 대한 중국 투자에 대한 면밀한 조사를 시작하기 위해 새로운 규정을 도입했다. 사람들은 중국의 기술 체인이 글로벌 가치 사슬과 분리되는지, 그리고 기술 분야에서 현지화에 대한 중국 정부의 목표에 주의를 기울이고 있다. 'Made in China 2025' 계획에 설정된 목표에 따르면, 정부가 집중하고 있는 23개 하위 분야 중 11개 국가는 중국 국내 기업의 예상 시장 점유율이 40 ~ 90%라고 한다.

07. 중국의 디지털 플랫폼 전략

중국은 다양한 산업에서 현지 가치 사슬을 만들고 있다. 이는 중국이란 거대한 플랫폼이 어떻게 성숙해 발전하는지 암시를 해주고 있음을 알 수 있다. 그러나 지금 세계 각국들은 중국의 가치 사슬에 흡수되는 것을 막기 위해 중국을 배제하고 나서고 있다. 중국에게 기술적으로 가장 중요했던 이스라엘 역시 미국과 다시 협약을 맺으며 중국의 5G 기술을 사용하지 않겠다고 밝혔다. 미국과 이스라엘이 다시 가까워진다는 것은 기술 강국에서 중국을 소외시키겠다는 뜻이기도 하다. 그러나 중국은 이미 지난 몇 년간 이스라엘뿐만 아니라 다른 나라에게 시장을 빌려주며 단순한 세계의 공장을 넘어 기술을 비축해 온 세계 최대의 데이터 시장이 되었다. 데이터를 활용하고 만들 수 있는 21세기 자본의 DNA를 소유할 수 있는 시장이 되었다. 중국의 체질이 변한 것이다.

2011년부터 2016년 동안 이스라엘에 대한 중국 투자는 50% 성장하였다. 그 이후로 나온 통계 수치는 보고되어 있지는 않지만 더욱 증가했을 거라 예측된다. 흥미로운 점은 톰슨 로이터 보고서에 따르면, 미국이 보호무역주의에 머리를 들고 나선 원인 중 하나로 중국의 이스라엘 투자를 이유로 꼽는다. 그렇다. 어찌 보면 미국-이스라엘-중국 이 삼각관계는 우리가 생각하는 것보다 그 이상으로 복잡할 수 있다. 이스라엘은 미국과 동맹 관계이나 중국이 이스라엘의 문을 두드리면서 세 나라의 삼각관계는 더욱 뚜렷해졌다고 볼 수 있다.

그럼 앞으로 중국과 동맹, 협력할 국가는 누가 될 것인가 하는 이슈로 시선을 돌려볼 수 있겠다. 세계가 중국에 등을 돌리면서, 그들은 자체 내수 시장 키우기에 집중하기 시작했다. 과거 글로벌 가치 사슬에서 이제는 내수 가치 사슬로서 전환한 것이다. 중국 경제학자 린이푸(林毅夫) 교수는 내순환 경제에 대하여 이렇게 말하고 있다. "2006년 국내 총생산(GDP)에서 중국의 수출 비율이 35.4%에서 2019년 17.4%로 하락했는데 이 수치는 국내로 소비와 투자가 소화 되었다는 의미를 뜻한다." 즉 수출 소비가 내수 소비로 전환되었다는 것을 뜻한다.

중국의 내순환 경제 환경은 자국 기업들로 하여금 제2의 화웨이, 알리바바, 바이두 등 새로운 차이나 플랫폼이 만들어질 수 있는 토지를 제공할 수 있다고 보인다. 린이푸 교수는 내순환 경제가 기업들에게 제2의 선전이 나올 수 있는 플랫폼을 제공한다고 말했다.

중국 플랫폼의 미래

코로나 이후 중국에는 "플랫폼을 얻는 자가 천하를 얻는다.(得平台者得天下)"라는 말이 생겼다. 여기서 플랫폼은 구체적으로 빅데이터를 가리킨다. 이제는 플랫폼에 합류하거나 아니면 플랫폼 밖에서 도태되는 둘 중 하나를 선택해야 하는 시점에 와 있다.

그렇다면 중국의 플랫폼 미래는 어떤 모습일까? 우선 중국에 앞으로 더욱더 많은 플랫폼 기업들과 서비스, 상품들이 생겨날 것이란 것은 확실하다. 그러나 우리가 놓치지 말아야 할 것은 다음과 같은 현상들을 통해 중국이 하나의 중국몽(中国梦. China Dream)을 이루고자 한다는 점이다. 중국몽을 다르게 해석하자면 하나의 중국 플랫폼이다. 이러한 의미에서 중국몽이자 하나의 중국 플랫폼은 중국 자신들의 염원을 담았고 자신들의 계몽적인 스토리를 담았다. 그리고 그것을 구체화시키는 방법은 디지털화 기술을 이용하여 표현해 내는 방식이다.

그렇다. 21세기 중국의 미래 플랫폼은 중국몽이란 단어를 통해 실현될 가능성이 높다. 다시 말하자면 중국몽이란 제목을 가지고 플랫폼 경제를 실현할 가능성이 있다는 것이다. 자국 플랫폼을 키위 내수 시장이 확대되는 것을 바란다. 이는 중국이 2020년 6월에 발표한 내수 경제 중심으로 돌아가자는 '내순환 경제'와 같은 방향으로 가고 있음을 말해주고 있다. '국내 경제가 순환되는 것이 먼저'라는 방침이다.

그렇다면 중국몽은 무엇인가? 중국몽은 시진핑이 제시한 중국의 미래 지도 사상이자 중요한 안건들을 포함하고 있다. 2021년과 2049년까지를 기준으로 중화민족의 위대한 부흥을 일으키고자 하는 소망이 담겨 있다.

중국은 이미 플랫폼을 통해 아시아권을 장악했다. 전 세계 틱톡 사용자 수는 8억 명에 달하며 한국에서도 320만 명의 유저가 틱톡을 이용하고 있다. 방대한 14억 내수 시장을 바탕으로 플랫폼의 본질인 규모의 경제와 선점 전략을 따라갔기 때문에 빠르게 성공을 장악할 수 있었던 이유이다. 재미라는 공감의 요소를 통해 네트워크 효과로 쇼트 클립 시장을 장악했던 것이다. 중국의 플랫폼들의 특징 중 하나로는 '엔터테인먼트형 + 소셜커머스' 비즈니스 모델로 소비와 재미가 이루어지도록 하여 유저들에게 편리성과 재미를 제공하였다.

플랫폼은 한 곳으로 모여들게 하는 속성을 가지고 있다. 그리고 또 분산시키는 효과를 가지고도 있다. 그러나 한 곳으로 집중 모여들게 하여 그곳에서 생산과 효율이라는 작업을 발생시킨다. 중국의 사회, 경제 시스템은 플랫폼을 통해 한 곳에서 모두 가능하게

07. 중국의 디지털 플랫폼 전략

하는 지점에 도달할 것이다.

지금 중국인들의 간단한 일상만을 보아도 고개가 끄덕여질 것이다. 위챗에서 API인 샤오청쉬를 열고 지급 결제를 하고 더불어 기업들은 위챗 공중하오를 통해 마케팅을 펼치고 소비자들과 소통한다. 또한, 홍바오 마케팅을 통해 돈을 푼다. 이러한 일상의 메커니즘 속에서 중국인들은 자신도 모르게 어떠한 하나의 생태계 속으로 자연스레 들어가 생산적인 일들을 해낸다.

샤오청쉬가 개발되면서 생활의 접점은 더욱 좁아졌고, 많은 전자상거래가 생방송을 도입하고, 또 생방송 플랫폼들이 전자상거래를 연동시키며 기업들이 하는 일들 또한 다원화, 다양화되었다. 하지만 이러한 일들이 모두 하나의 중국을 만들어가고 있다는 사실을 잊어서는 안 된다.

이러한 삶들의 특징을 하나 뽑자면 바로 연결이다. 이 연결성은 매우 독특하고 개성 있는 특징을 가지고 있다. 이 연결은 더 큰 차원의 네트워크를 창조시킨다. 다만 중국에서는 점점 이러한 네트워크 현상이 한 기업에게만 독점적으로 이루어지고 있다는 것은 안타까운 일이다. 그 예가 바로 우리가 잘 아는 바이두, 알리바바, 텐센트이지 않은가. 현재까지는 아무래도 이들 기업들을 중심으로 중국의 경제 생태계가 조성되어 있다고 할 수 있다.

이들 기업이 독점적으로 생태계를 지배할 가능성은 점점 더 커지고 있다. 강한 독점성을 가진 플랫폼의 특징을 생각하면 중국이 앞으로 이를 어떻게 대처해 나아가 상생의 길을 걸을까 우려되기도 한다.

중국 플랫폼 경제는 GDP의 10.5%를 차지한다고 한다. 5년 후, 10년 후는 어떠할까? GDP 차지 비중 및 성장에 대한 구체적인 데이터는 나와 있지는 않지만 앞으로 더욱 경제 속 침투율이 높아질 것으로 내다보고 있다. 《플랫폼 레볼루션》의 저자 상지트 폴 초더리는 한국경제신문과의 인터뷰에서 "이제는 플랫폼에 투자할 시대가 왔다."라고 답했다.

사람들의 생활 패턴에도 많은 변화가 생겨날 것이며 특히 원터치 한 번의 클릭만으로 소비하며 생활하는 라이프스타일로 변화되고 있다. 한 번의 클릭만으로 사람들과 교류하고 공동체를 형성할 수 있는 로드맵도 그려볼 수 있다. 이는 우리가 초연결 사회로 가는 지름길임을 알려준다.

중국 플랫폼에서 중요한 단서들은 무엇일까?

———

첫 번째로 중요한 것은 유입이다. 어디서 유입량을 몰고 올 것인가는 플랫폼 비즈니스 모델을 가진 기업들의 평생 숙제이자 고민이다. 중국 기업들은 많은 펑커우(风口, 바람이 통하는 길목)를 만들고자 애를 쓰고 있다. 그 펑커우를 통해 유입을 몰고 오고 수익을 증대시키는 방법론을 계속해서 연구 중이다.

우리는 사용자들이 들어올 수 있는 출구 및 입구 전략을 고민해야 한다. 어디서부터 사용자들의 수요를 몰고 들어와 원활한 순환이 될 수 있을지 말이다. 마치 바람에 몸을 맡겨 돼지도 날아오를 수 있게 말이다. 궁극적으로는 유입을 통한 플랫폼의 활성화가 이루어져야 할 것이다. 그래서 유입에 대한 지혜로운 전략이 필요한 것이다. 봇물이 터지듯 진정 이 플랫폼을 원하는 사용자들의 발걸음이 몰려와야 한다는 것이다. 예로 들자면, 딩당콰이야오의 경우, 약을 필요로 하는 사람이 24시간 동안 있을 거란 가정하에 그 수요자들을 몰고 왔다.

두 번째로는, 커뮤니티가 플랫폼에 중요한 단서이다. 플랫폼들은 단순히 수요와 공급자을 매칭해 주는 것을 떠나 커뮤니티를 형성할 줄 알아야 한다. 앞 사례에서 말한 비리비리처럼 비리비리 월드를 건설하듯 또는 자신들만의 고유한 개성 있는 공동체를 형성해야 한다. 이는 플랫폼의 지속 가능한 경영을 이루게 도와준다. 그래서 중국의 플랫폼들은 커뮤니티를 키우는 것에 열중하고 있다. 단순히 플랫폼을 건축하고 끝나는 것이 아니라 그 서비스와 상품에 대한 팬덤층을 만든다. 팬들을 통해 소통할 수 있는 장, 커뮤니티 공동체를 만든다.

플랫폼 경제는 데이터를 구동하여 정거장을 만들고 네트워크 협동의 경제 활동 시스템이다. 또한, 플랫폼은 공급과 수요 사이의 거래를 용이하게 하고 적절한 수수료를 모으거나 수익을 얻기 위한 차별화된 서비스와 콘텐츠를 제공한다.

세 번째로는 참여이다. 사실 플랫폼 경제는 참여의 경제라고 해도 과언이 아니다. 그만큼 지속 가능한 참여가 이루어질 수 있는 정거장이란 비유처럼 중요하다. 참여는 기업들의 참여뿐만 아니라 개개인의 참여를 가리킨다. 예를 들어 최근 한국에는 인플루언서 플랫폼들이 많아지고 있다. 기업들과 인플루언서들의 바잉, 마케팅을 매칭해 주는 것이 특징이다.

정말 많은 업체가 있지만 두 그룹으로 분류할 수 있는데, 하나는 기업들의 참여를 더욱 이끄는 플랫폼, 또 하나는 인플루언서 개개인들이 더욱 참여할 수 있는 중심의 플랫폼 그룹으로 나누어진다. 두 그룹 모두 서로가 윈-윈할 수 있는 기능을 갖추고 있다. 중요한 것은 참여를 통한 네트워크 형성이다.

중국 내 플랫폼들을 보면 사람들의 참여를 어떻게 유도할 것인지 많은 고민을 했다는 공통점을 찾을 수 있다. 허마센성의 출연도, 중국인들의 건강하고 신선한 식품을 그 자리에서 간편하게 사고 먹을 수 있도록 해주는 해결점을 제공해 주었지 않은가. 웨이핀후이는 한정 특가 판매로 구매함으로써 이득을 얻을 수 있다는 경험을 제공해 주지 않았던가. 우리 역시 무엇을 문제로 정의하고 공감을 함께 나눌지 생각해 보아야 한다.

네 번째는 공감 능력이다. 샤오홍슈는 단순한 동영상을 올려 제품을 마케팅하고 판매하는 플랫폼처럼 보일지 모른다. 하지만 달리 보면 공감 능력을 준수하였기 때문에 이 플랫폼이 활성화되었다고 생각한다.

샤오홍슈의 대다수 콘텐츠는 패션과 뷰티이다. 패션과 뷰티에 대해서 이제는 사진에서 동영상으로 간접적 체험을 하는 시대가 왔다. 사람들은 동영상 콘텐츠를 통해 자신이 이 제품을 사용한다면 하는 경험을 상상하게 된다. 바로 이 점에서 샤오홍슈는 사용자들의 간지러운 부분을 긁어 주었다고 할 수 있다. 샤오홍슈뿐만 아니라, 웨이보나 타오바오 등 생방송을 도입하고 있는 플랫폼들은 바로 소비자들이 실제로 제품을 사용하고 입었을 때의 후기를 반영하고 투사시켜 공감대를 형성하고 욕구를 풀어 주었다고도 볼 수 있다.

수출 집약적에서 내수 집약적 모델의
내순환 경제로 변화되어야

———

《손자병법》에는 '지피지기 백전불태(知彼知己 百戰不殆)'라는 말이 나온다. '적을 알고 나를 알면 백 번 싸워도 위태롭지 않다'라는 뜻이다. 다시 말하자면 적과 나를 충분히 알아야지 위태로운 전쟁에서 이길 수 있다는 것이다. 나를 모르고 하는 싸움은 헛된 것이다. 그러므로 우리는 우리 자신의 모습을 정확히 분별할 수 있어야 한다. 중국의 현재 모습은 어떠한가. 그들은 과연 자신들의 현 상황을 잘 인지하고 있을까?

코로나의 여파로 중국의 제조업 PMI 지수는 35.7%까지 하락하였다. 또한, 중국 국가통계국에 따르면, 전국 서비스업 생산지수는 2020년 기준 전년 대비 13%(1~2월)나 하락하였다. 이러한 불안한 상황에서 중국의 모습은 어떻게 달라질까? 과연 그들은 어떻게 달라져야 할까?

징둥 그룹의 부총재이자 징둥 디지털 과학기술의 수석 경제학자인 선젠광(沈建光)은 산업 사슬의 이전이 앞으로 더욱 빠르게 가속화될 것이라는 우려 섞인 답을 내놓았다. 그에 말을 따르면, 중국은 현재 큰 장벽에 부딪치고 있다고 밝혔다. 바로 선진국들의 중국 때리기이다. 미국과 유럽 그리고 타 국가들이 중국 시장의 의존도를 제거하기 위해 강력하게 대응해 나아갈 것이란 점이다.

미국 백악관의 경제고문 래리 쿠드로(Larry Kudrow)는 중국의 미국 기업들에게 대피할 것을 촉구했다. 일본 정부 역시 22억 달러(2조 3,900억 원)를 풀어 일본 기업들이 중국으로부터 돌아와 자국 내 생산 이전을 하도록 독려하고 있다. 모두 중국의 공급망 의존도를 줄이기 위함이다. 즉 탈중국화 현상은 반중 감정을 전 세계적으로 조성하고 있다.

특히 전자산업, 자동차산업이 코로나의 영향을 많이 받아 공장이 일시 중지되는 현상들이 나타났다. 대표적으로 애플이 타격받은 사례를 살펴보자. 푸스캉(富士康)은 애플의 중요한 공장 중 하나이다. 중국 정보통신기술연구원(CAICT) 보고에 따르면, 2020년 2월 애플 아이폰의 출하량은 50만 대를 못 미쳤으며, 전년 대비 127만 대나 감소했다고 밝혔다. 60% 생산량이 하락하였다. 여태까지 공급망은 중국을 중심으로 세계적으로 연결되어 있었다. 이러한 대공황이 발생했을 때 세계 제조 허브인 중국의 경우 공장, 컨테이너 항구가 연속적으로 문을 닫았고 생산과 수출 또한 역사상 가장 낮은 수준까지 떨어졌다.

이러한 사례들을 보면, 중국은 여전히 세계 무역에서 없어서는 안 될 위치를 차지하고 있다. 글로벌 제조 가치 사슬에 거의 30%를 차지하고 있기 때문이다. 그렇기 때문에 더더욱 다른 국가 입장에서 수입, OEM 생산에 있어서는 기존의 중국과 거래하던 타 국가들이 탈중국화를 하며 리쇼어링 정책을 추진할 가능성이 높아지고 있다. 과거 그리고 아직도 우리는 중국의 수출 의존도가 여전히 높다. 따라서 중국으로 수출/수입이 집중되다 보면, 위험한 것은 국외 시장으로부터 충격이 가해졌을 때 많은 공장과 중소기업이 어려움을 겪을 수 있다.

중국 또한 마찬가지다. 중국의 외국 수출 의존도는 18.1%이다. 공장과 중소기업들이 장기적으로 쉬게 되면 고용이 불안정해지며 파산으로 더 큰 실업을 증가시킬 수 있다. 따라서 중국은 더욱더 내수 안에 있는 기업과 고용을 보호하여 결국 자국 내 경제의 기초를 보호하는 방향으로 흘러가게 될 것으로 예상된다.

이번 코로나 사태로 인해 중국은 수출 의존도를 줄이고 내수 시장을 활성화할 가능성이 높다. 아니 이미 중공중앙정치국회의(中共中央政治局会议)에서 내수 전략을 확대하여 경제 발전과 사회 안정을 보고할 것이라고 입장을 발표했다. 따라서 외국 의존도를 축소하고 국내 생산, 소비에 집중하여 수출에 대한 위험도를 줄인다. 류허(刘鹤) 부총리는 이제 중국 경제는 본격적으로 내순환(内循环) 경제로 들어가겠다고 밝혔다.

중국 또한 외국 기업들의 탈중국화, 본토로 가는 리쇼어링 정책을 추진함에 따라 더더욱 국내 스마트 제조업 생태와 그로 인한 내수 시장의 소비 인프라를 견고하게 만들 것이다. 더불어 물자, 식량, 화폐에 대한 준비를 해두었다가 향후 다시 세계로 손을 뻗어나가는 형태로 공급 체인망을 구축할 것이다. 하지만 더 나아가 이는 중국만의 문제가 아니다. 전 세계 글로벌 공급 체인망이 마비되는 것을 경험하고 난 후 많은 국가가 수출 중심에서 내수 시장 중심으로 전환하게 될 것이다.

향후 중국의 미래는 미국의 압박을 절대 피할 수 없다.

────

중국 경제가 V자 반등을 하게 될지 아니면 U자형이 될지 혹여나 최악의 상태인 L자형으로 갈지 아직은 아무도 단언하여 예상할 수 없는 민감한 부분이다. 중국 내부에서는 중국 경제가 V자형으로 갈 것이란 추측들이 적지 않게 나오고 있다. 업무 복귀에 따른 소비가 증가하고 있다고 판단했기 때문이다. 그러나 장기적으로 실제 소비가 꾸준히 증가하여 시장이 살아날지는 두고 보아야 할 문제라고 지적한다.

코로나바이러스와 무역 전쟁으로 미국의 중국 압박은 늘 도사리고 있다. 역사를 보면 중국은 서방 국가로부터 패배한 결과 과거 베이징 조약을 체결하였고, 안 된다 싶어 양무운동을 일으켰다. 서방 국가의 문물을 수용해 선진 문명을 배우자는 것이었다. 그러나 현대 사회에 와서 중국은 "추구하는 도가 같지 않으면 함께 일을 꾀하지 않는다."라는 공자의 말처럼 자신들의 길을 추구하기 시작했다. 바로 중국의 자신들만의 방식을 사용한 것이 바로 미국의 콧털을 건들었다는 점이다. 미국은 새로운 국제 질서의 재편이 들어가는 것을 결코 원치 않는다. 더욱이 어떠한 형태로든 공산주의의 정신이 전 세계에 퍼지는 것을 원치 않는다.

2020년 1분기 중국의 달러 수출액은 13.3% 감소하였으며 중국에 있던 많은 외국 공장들은 문을 닫았고 그로 인한 일자리가 중지되면서 고용 또한 불안정한 상태로 들어갔다. 중국 통계국에 따르면, 2020년 1분기 경제 성장률은 -6.8%를 찍었다. 그러나 2분기에는 2~3% 성장, 3분기, 4분기에는 6%까지 예상하고 있다. 이렇게 보았을 때 중국 경제 증가 속도는 평균 3~4%로 예상하고 있다. 하지만 2020년 양회에서는 구체적은 성장률을 제시하지는 않았다. 중국은 다음과 같은 업종에 투자를 한다고 의견을 내세웠다. 인공지능과 5G 등 IT 인프라에 1조 7,000억 위안(약 292조 4,000억 원)을 풀 것이라고 발표했다. 특히 매주 1만 개의 5G 기지국을 설치하는 등 5G 네트워크 구축에 힘을 쓰고 있는 중이다.

현재 중국 내부에서 바라보는 중국의 상황은 다음과 같다. 중국 사회과학원 세계경제정치연구소 장밍(张明)의 말에 따르면, 삼두마차인 소비, 투자, 수출 측면에서 2020년 가장 큰 충격은 수출이었다고 말하고 있다. 외국의 장기적인 폐쇄로 인해 세계 경제 활동이 거의 정체되면서 중국 제품에 대한 수요 또한 크게 감소하여 수출 산업에 영향을 미친 것이다.

중국의 수출 제품 중 가장 많이 차지하는 것은 공업 제품으로 94%에 달한다. 전기기계, 전자기기 또는 이와 관련한 부품 또한 26.9%를 차지한다. 중국의 주요 경제 국가들의 수출 비중은 54.5%에 달하는데, 그중 유럽연합, 미국, 일본, 한국에 대한 수출 비중은 44.2%를 점유하고 있어 의존도가 높다. 그렇다. 바이러스의 세계적 확산은 중국의 주요 수출입 산업에 깊은 영향을 미치고 있다. 장기간의 안목으로 상품 및 서비스의 국경 간 흐름을 촉진하고 국제 경제 및 무역 개발에 대한 신뢰 회복을 하는 것이 당장 필요하다.

디지털 샤오캉(小康) 사회를 통한 새로운 발전 모델 만들어

———

그렇다면 앞으로 중국은 어떻게 미래 청사진을 그려 나아갈 것인가? 2020년은 전면적 샤오캉 사회를 만드는 해이다. 그런데 팬데믹 상태에 빠지면서 시진핑의 샤오캉 사회 굴기에 대한 우려와 불확실성이 보이고 있다. 그러나 중요한 것은 중국이 이 위기를 기회로 만들어 디지털 굴기로 가는 방향으로 나아가고 있다는 것을 재차 강조한다.

유통, 요식, 엔터테인먼트 등 서비스 산업이 충격을 많이 받았다. 그리고 그 충격은 생각보다 오래 길게 갈 것이다. 성장하는 속도도 비교적 느릴 것이다. 제조업, 부동산, 기초 인프라들은 단기간 동안 거의 정체되었다고 볼 수 있으며, 장기간 회복을 지켜봐야 할 것이다. 한편 반대로 온라인 게임, 의료, 온라인 생방송 업계가 쾌속한 발전을 보였다.

중국 정부는 포스트 코로나 중국 사회를 위해 다음과 같은 미래 방향을 제시하였다. 취업, 금융, 무역, 외자, 투자, 경기 방면에서 6개의 안정적인 정책 방향(六穩, 6대 안정)을 제시하였다. 그리고 6개의 보장 방향 정책을 내걸었는데 바로 취업, 민생, 시장 주체, 양식/에너지/안전, 산업 체인/공급 체인, 기층 조직 업무 이행 보장이다.

그렇다면 이것이 어떻게 가능할까?

중국 런민대학 류웨이(刘伟) 교수 강의에 따르면, 중국이 바로 성장하기 위해서는 '온중구진(稳中求进, 안정 속 성장)' 방법을 행해야 한다고 말한다. 온(稳)은 경제를 안정적으로 만드는 것이다. 장기적으로 구조적인 문제를 개선해야 한다. 경제 제도를 개선해야 한다. 인프라 혁신을 하는 것도 포함한다.

진(进)은 심화적으로 공급측 개혁 구조를 혁신해야 한다는 것이다. 기술 혁신과 제도 혁신을 추진하며, 그중에서도 제도 혁신이 중요한데 경제 제도를 개선하는 것이다. 두 번째 법치 제도를 개선해야 한다. 법치 중국, 법치 사회를 제창했는데 법치를 중심으로 중국식 사회주의 경제를 개선한다는 것이다. 이 과정의 목적은 현대화 중국 세계를 만드는 것이다. 그리고 이는 전면적 샤오캉 사회를 건설하는 것과 연결된다. 무엇보다 중요한 것은 너무 많은 달걀을 한 바구니에 담지 말아야 할 것이다. 우선적인 문제들을 먼저 해결하는 균형적인 성장과 투자가 필요할 때이다.

디지털 경제로 가속화, 통합의 시대 빨라져

———

영화 〈기생충〉에서 송강호는 아들 기우에게 "너는 다 계획이 있구나!"라고 말한다. 계획이 있는 행동과 실천은 매우 중요하다. 또한, 계획과 의도가 있는 목표는 더더욱 중요하다. 아직 경제 충격의 멍은 가시지 않았지만 중국은 다음 경기를 뛸 준비를 하고 있다. 경기가 끝난 줄만 알았는데 연장전이 시작된 것이다.

포스트 코로나 시대로 돌입하면서 중국은 디지털 경제의 페달을 더욱 빠르게 밟고 있다. 디지털 혁신은 다양한 산업에서 새로운 트렌드가 될 것이며 산업 체인의 변화를 가져오게 될 것이다. 이는 동시에 사회 전체의 효율성을 개선하며 기업들은 서비스를 위한 새로운 개발 기회를 창출하는 것으로 이어지게 된다.

그럼 앞으로 중국의 경제는 어떠한 방향으로 흘러갈 것인가? 일단 중국의 사정을 들어보면 다음과 같다. 발전개혁위원회에서는 코로나가 중국의 경제를 장기간 빼앗아 가지 않을 것이라고 밝혔다. 그렇게 이야기하는 이유는 디지털화 전략을 도모하고 있기 때문이라는 것이다.

중국 매체 봉화망에서도 '전염병 유행 후 인터넷의 기회와 도전은 무엇인가?(后疫情时代互联网有哪些机遇挑战)'라는 기사를 보도하였는데, 이에 텐센트 부사장 리차오후이(李朝晖)는 이렇게 대답했다. 그는 '코로나바이러스 사태 이후 중국의 경제 성장은 수출 지향에서 국내 수요로 이동하여 산업 체인의 전반적인 업그레이드를 자극할 수 있으며 온라인 및 오프라인의 디지털 변환이 추가 통합되는 것이 일반적인 추세가 될 것'이라고 말했다. 또한, 많은 산업 분야에 새로운 통합 기회가 있을 수 있다고 언급하였다.

코로나가 가장 심했던 지역 후베이성도 사태가 어느 정도 잠잠해지자 새로운 전략을 바로 내걸었다. 바로 과학기술 시스템을 갖추는 것으로 목표의 방향성을 바꿀 것이란 입장을 표했다.

그들은 100개의 디지털 경제 프로젝트를 구현하겠다고 밝혔다. 주요 연구 개발 계획은 디지털 기술 및 과학 기술과 같은 주요 분야에 중점을 두고 있다. 아직 구체적인 모습은 드러내고 있지 않지만, 메모리-디스플레이-단말기-인터넷, 인공지능, 생물 의학 및 지능형 제조 분야 등 산업 발전에 속도를 박차기로 하였다.

신(新)인터넷 플러스 업그레이드 시대로

———

중국의 인터넷 플러스(互联网+) 정책이 더욱 속도를 내고 있다. 코로나바이러스가 잠잠해진 후, 리커창 총리는 다시 '인터넷 +'의 중요성을 강조하고 나섰다. 또한, 국무원 회의에서는 디지털 경제를 다시 언급하며 인터넷 플러스와 플랫폼 경제에 대한 지원을 확대할 것이라고 밝혔다.

인터넷 플러스는 이노베이션 2.0에 따른 새로운 형태의 인터넷 개발을 가리킨다. 단순히 인터넷과 전통 산업을 연결하는 것을 떠나, 인터넷 기술의 장점을 활용해 4차 산업혁명 기술과 접목, 응용하는 것을 아우른다. 2015년 국무원에서 인터넷 플러스 행동을 장려하는 의견을 발표하였었다. 그리고 지금 포스트 코로나 시대에 인터넷 플러스는 새로운 디지털 전환을 가속화하며 많은 비즈니스 기회를 창출해 나아가고 있다. 또한, 인터넷 플러스 기술은 다양한 산업과 만나 새로운 플랫폼과 서비스를 창출하는 노선을 따라 움직인다.

대표적인 예로 항저우시는 포스트 코로나 시대에 플랫폼 경제를 촉진시키고 이를 지역의 건강한 발전을 중요한 과제로 삼았다. 플랫폼 경제가 직면하고 있는 제도나 법률적인 문제들을 개선해 나아갈 것이라고 밝혔다. 더불어 항저우시 정협 제11차 4번째 회의에서는 플랫폼 경제 발전을 추진하기로 합의하였다. 항저우의 경우 전자상거래 기업이 밀집해 있는 대표적인 도시이다. 20개가 넘는 국가 혁신 플랫폼과 실험실이 있다. 플랫폼 경제와 인터넷 플러스는 항저우 경제의 새로운 성장 동력이다.

포스트 코로나 시대를 경험하며 중국 내 디지털 트렌드가 두드러졌다. 사람들의 일상도 온라인 플러스(Online +) 중심의 라이프스타일로 한층 업그레이드되었다. 온라인과 문화가 결합하고 온라인과 엔터테인먼트, 온라인과 음식이 결합하는 등 인터넷 플러스와 플랫폼이 융합된 서비스와 콘텐츠들이 생겨나고 있다. 앞으로 기업들은 중국 정부의 드라이브에 힘입어 사회와 사람들에게 더 낳은 인프라를 제공하기 위해 디지털 비즈니스 포트폴리오에 투자하게 될 것이다.

보다 분명한 것은 중국이 대규모로 AI 플랫폼, 로봇 플랫폼 인프라에 투자의 방점을 찍게 될 것이란 점이다. 따라서 ABC(인공지능 AI. Big Data. Cloud) 기술은 더 발전될 것이다. 윈징지(云经济) 클라우드 경제 역시 급부상하고 있지 아니한가. 클라우드 서명, 클라우드 세금 납부, 클라우드 오피스, 클라우드 의료, 클라우드 수업은 포스트 코로나 시대의 일상생활이 되었다.

IT 분야 시장조사 기관인 IDC 보고서에 따르면, 2024년 51%의 글로벌 IT 예산이 디지털 혁신으로부터 나오고 중국은 이에 70%의 영향력을 행사할 것이라고 내다보았다. 그러기에 모든 기업들이 '디지털화 우선'을 운영 모델로 삼고 속도와 규모를 가속화할 것을 보인다.

2019년 10월 텐센트는 '치엔판 계획(千帆计划)'을 통해 이미 철두철미한 디지털 비전을 세웠다. '글로벌 디지털 생태 대회 청두 컨퍼런스'에서 SaaS(서비스형 소프트웨어) 생태 계획을 발표했다. 이는 3년 내 1,000개의 SaaS 서비스 머천다이저들을 만들어 발전시키겠다는 것이다. 생태계에 투자하는 방식으로 SaaS 기업의 성장을 돕겠다는 거다. 텐센트의 치엔판 계획은 텐센트 클라우드, 위챗, 텐센트 SaaS 가속기 등 텐센트 내부 자원과 외부 SaaS 기업들이 협력하여 공통의 SaaS 생태계를 건설하고 만드는 것이다.

아이리서치에 따르면, 중국의 SaaS 업계는 연간 40% 성장할 것이라고 예측하고 있다. 또한, 2021년 시장 규모액은 654억 위안(약 10조 9,400억 원)에 달할 것이라 전망하고 있다. 중국 2020년 클라우드 시장 규모 603.6억 위안(약 10조 1,000억 원)이다.

클라우드 경제의 부상은 정보 서비스 산업의 빠른 발전을 위한 유리한 공간을 제공했다고 볼 수 있다. 아마존 역시 코로나 이후로 로봇을 투입하여 산업 체인망을 바꾸려고 시도한 것이 대표적이다.

전 세계 팬데믹 상태인 중에 중국은 인공지능(AI) 기술에 박차를 가하고 있다. 2019년 중국의 인공지능 기업 수는 4,000개가 넘었다. 이는 전 세계 2위를 차지하고 있다. 또한, 같은 해 5G를 설치한 곳은 13만 곳이 넘어섰다. 5G 산업을 기반으로 인공지능과 사물인터넷을 결합한 지능화 인터넷을 만든다는 것이다.

2020년 중국 내 인공지능 핵심 산업 규모를 1,500억 위안(약 25조 1,000억 원)으로 예상하고 있다. 2030년 1조 위안(약 167조 원)까지 성장할 것이라 예상하고 있다. 예전에는 '+(플러스) 인공지능'이었다면, 앞으로는 '인공지능 +(인공지능 플러스)'로 가게 될 것이다. 그렇다면 '인공지능 +'는 무엇일까? 인공지능을 기반으로 5G 와 결합하여 정보의 소통 능력과 지능형 인터넷을 실현하는 것이다. 위와 같은 기술이 결합된 플랫폼은 전반적인 생산성과 효율을 올리게 될 것이다.

디지털 뉴딜 정책과 빅브라더의 출현

———

때로는 혼란이 일어날 때 새로운 질서가 만들어지기도 한다. 누군가는 틈을 타 새로운 법칙을 만들기 때문이다. 지금 포스트 코로나 시대에 세계 각국은 디지털 기반의 생태계를 만들고 있다. 중국에서는 2020년 3월 이후 신인프라 건설에 대한 개념이 등장했다. 최근 국가발전개혁위원회에서는 신인프라에 대한 개념으로 첫째 정보기초 인프라, 둘째 금융 융합 기초 인프라, 셋째 혁신기술 인프라를 제시하였다. 중국 ICT 기업들은 통합 기초 인프라 구축을 건설에 뛰어들었다.

중국 속담에 '백척간두, 진일보(百尺竿头, 更进一步)'라는 말이 있다. 상황이 막막해도 두려움을 무릅쓰고 앞으로 나아간다는 의미이다. 지금 중국의 경제는 혼란을 겪고 있지만 4차 산업혁명 기술에 있어 중국은 성과를 거두었다고 할 수 있다. 코로나바이러스가 터지기 직전까지도 중국 제조 2025 프로젝트를 통해 신에너지, 바이오, 로봇, IT 기술의 산업을 육성해 왔었다. 2019년은 중국에서 디지털 경제는 매우 중요한 한 해였다. 양회에서 '디지털 경제 확대'를 선포하였고 중앙경제공작회의에서도 디지털 경제를 발전시키자고 다들 합창하였기 때문이다.

이에 따라 각 도시마다 디지털화 전략을 적극적으로 실시할 것으로 보여진다. 앞으로 중국 도시의 미래 모습은 다양한 디지털 기술과 결합된 풍경을 자아낼 것으로 예측된다. 2020년에는 중국이 샤오캉 사회를 실현해야 하는 해였는데 코로나바이러스의 여파로 기대에 미치지 못하였다. 그러나 2021년부터는 중국이 더 많은 산업에 4차 산업혁명 기술을 접목해 디지털 굴기 국가 전략에 대한 페달을 더 강하게 밟을 것으로 보인다. 이는 미래 중국이 초연결성 사회로 간다는 것을 의미한다. 향후 초연결, 초지능화에 기반한 비즈니스 모델과 플랫폼 경제가 더욱 확대될 것이다.

이에 따라 각 지방정부는 디지털 전략을 목표로 성장하고자 노력하고 있다. 푸지엔성은 향후 2만 개의 5G 기지국을 건설하고, 인공지능, 빅데이터, 사물인터넷을 경제 사회와 융합 발전 디지털 경제 규모를 가속화 할 것이라고 밝혔다. 저장성도 15% 증가를 목표로 하고 있다. (플랫폼 경제. 공유 경제. 체험 경제. 택배 경제가 포함된다.) 새로운 인프라 건설은 중국에게 역사적으로 5G 네트워크, 클라우드, 공업 인터넷 등 대표적인 디지털 네트워크와 스마트화 산업 응용에 영향을 줄 핵심 내용이 될 것이다.

2020년 특수한 경제 환경 아래, 디지털 중심의 신인프라 건설은 안정적인 경제 성장의 작용을 불러일으킬 것이다. 그러나 신인프라 건설은 장기적으로 보는 안목을 가지고 접근해야 할 것이라고 한다. 신인프라 투자에 관련된 7대 영역은 5G, 빅데이터 중심, 클라우드, 공업 인터넷, 사물인터넷, 인공지능, 전통 인프라의 디지털화를 포함한다. 중국이 적극적으로 바꾸려고 하는 변화의 모습이다.

중국의 통신 네트워크 설비 업체인 ZTE에 따르면, ZTE는 이미 5G와 관련된 비즈니스 업무를 시작하였다고 한다. 5G 업무 플랫폼: 클라우드 XR(혼합현실+확장현실) 애플리케이션, 로봇, 사물인터넷 등 공업 인터넷과 원격 의료 등 관련 신기술 구조를 지지하고 있다. 더불어 6G 무선 인터페이스, 기술 아키텍처, AI와의 통합, 블록체인 및 기타 기술의 진화, 사물인터넷 및 AI 인터넷과 같은 새로운 개념의 진화를 탐구하기 위해 6G 연구 작업을 시작했다고 언급했다.

누가 중국의 플랫폼을
주도해 나아갈 것인가?

중국의 Z세대

국내 기업들은 새로운 소비층으로 떠오르는 밀레니얼과 Z세대를 합친 MZ 세대를 겨냥한 마케팅에 적극적으로 뛰어들었다. 백화점과 쇼핑몰 유통사들은 MZ 세대를 위한 놀이 공간을 만들기 시작했으며 삼성과 LG마저도 이들을 공략할 수 있는 제품 개발에 착수하였다.

LG는 Z세대를 겨냥한 LG윙을 선보였는데 두 개의 동영상을 동시에 볼 수 있는 기능을 갖추고 있다. 삼성 역시 이들 세대를 타깃으로 한 준프리미엄급의 스마트폰을 선보였다. 또한, 밀가루 브랜드로 잘 알려져 있는 곰표 역시 아날로그 감성이 깃든 곰표 의류와 코스메틱 제품을 출시하였다. 모두 새로운 문화 트렌드 세터(trend setter)로 떠오른 Z세대를 잡기 위한 움직임이라고 볼 수 있다. 이러한 기업들의 움직임은 중국과 미국에서도 벌어지고 있다.

그렇다면 Z세대는 과연 어떠한 집단일까? 이번 장에서는 트렌드 세터인 Z세대에 대해 알아보고자 한다. 특히 플랫폼의 판을 움직이는 주역이 어떠한 관념과 소비 형태를 지니고 있는지 살펴볼 것이다.

현재 Z세대는 전 세계 인구의 1/4을 차지하는 총 20억 명에 달한다. 특히 아프리카, 동남아, 인도 등 국가와 같이 개발도상국에서 Z세대의 인구가 많은 편으로 인구 보너스 효과가 더욱 크다. 중국과 인도의 Z세대만 합쳐도 전 세계 Z세대 인구의 34%에 달한다.

전 세계 Z세대의 공통적인 특징은 바로 디지털 수저를 물고 태어났다는 점이다. 과거 우리의 디지털을 단순한 인터넷에만 그쳤다면 이들 세대들이 말하는 디지털은 빅데이터, 사물인터넷, 인공지능, VR 등 다양한 디지털 기술들을 총망라한다고 볼 수 있다. 또한, 이들은 컴퓨터 인터넷이 아닌 모바일 인터넷과 함께 태어나며 더욱 빠르고 편리하게 온라인 세계와 접속되었고 TV나 컴퓨터보다는 핸드폰으로 모든 것을 향유하는 흐름 속에 태어났다고 할 수 있다. 우리는 이들을 요약하여 '디지털 원어민'이라고 부른다.

새롭게 부상하는 대륙의 트렌드 세터

———

 그렇다면 중국의 Z세대는 어떠한 모습일까? 필자는 중국의 Z세대들이 앞으로 트렌드를 선도해 갈 것이라고 본다. 그 이유는 중국의 Z세대들은 새롭게 떠오르는 소비 주류층이며 무엇보다 중국의 빠른 디지털 속도와 함께 성장해 왔기 때문이다. 또한, 중국 경제가 안정적인 성장을 하고 있을 때 태어난 세대이다. 2000년도에는 중국의 도시화 바람이 불고 있을 때이다.

 1995년~2000년대에 출생한 중국의 Z세대의 총인구 수는 3억 3,000만 명에 달한다. 중국 매체들은 이들 세대를 보고 허우랑(后浪)이라고도 부른다. 뒤늦게 치는 파도(세대)라는 뜻이다.

 먼저 이 그룹은 소비 지향주의보다는 소비 실용주의 특성이 두드러진다. 미래보다는 현실에 더욱 지각하여 소비를 하는 경향성을 지니고 있다는 것이다. 물건을 구매할 때도 신중하게 이성적인 소비를 하는 경향이 있다. 그러나 이는 단순한 가성비를 넘어 오히려 가심비에 더 치우쳐져 있다고 볼 수 있다. 물건 하나를 사더라도 스몰 럭셔리를 추구한다.

 또 다른 특징은 국산 제품을 애용한다는 것이다. 예를 들어 앞서 말한 뷰티 브랜드 퍼펙트 다이어리의 주요 고객층 역시 Z세대였다. 이처럼 Z세대들은 우수한 자국 브랜드에 더 애착을 느끼는 것으로 나타났다. 중국의 Z세대들이 자국 제품에 더욱 애정을 느끼는 이유는 중국 내수 자체 브랜드의 뚜렷한 현지화 전략과 이어진다. 과거 80허우들의 화장품은 수입산 외국 브랜드가 좋다고 여기던 세대와는 다르게 국내 화장품 브랜드에 대한 선호도가 높은 것으로 나타나고 있다. WGSN과 징둥이 공동으로 발표한 보고서에 따르면, 31%가량의 25세 이하 소비자들이 국내 화장품 주요 소비자의 주역으로 차지하고 있었다.

또한, 이들은 자신들이 꼭 주류 사회에 끼지 않아도 괜찮다는 관념을 가지고 있는 세대이다. 자신만의 세계를 더욱 추구한다. 그래서 마니아층을 많이 이루고 있다. 예를 들어 비리비리 같은 경우에도 Z세대가 만들어 낸 생태계라고 볼 수 있다. 이차원과 같은 애니메이션을 좋아하는 덕후들의 세계들이 모인 콘텐츠의 결과물인 것이다. 자신만의 세계를 만들어 낼 수 있는 인터넷 공간은 Z세대들에게 필수가 되었다.

이러한 결과물들은 결국 '경험과 체험'을 중요시하는 것과 연결된다. 경험은 보다 실용적인 경험이여야 하고 스토리가 담긴 경험이 담긴 양질의 콘텐츠를 생산하는 것과도 직결된다. 스토리가 담긴 경험은 너무 많은 생각을 하게 하는 것이 아닌 보다 직관적인 생각과 느낌을 제공하여야 한다. 더불어 체험은 오프라인 시장과의 연결을 가리킨다. Z세대는 다른 세대에 비해 온라인과 계속해서 맞물려 지낸 세대다 보니 사실은 오프라인 시장에 대한 잠재적 욕구가 더 크다고 볼 수 있다. 오프라인의 체험이 이들 세대들에게는 더욱 값비싼 가치로 작용되고 있다.

아이리서치에 따르면, 이들은 가상 세계에서 자신의 파트너 찾는 것을 선호하는 것으로 밝혀졌다. 중국이 두 자녀 정책을 허용했지만 여전히 혼자 자란 경우가 많아 외로움을 많이 타기 때문에 가상 인물에 대해서 더욱 친근감을 느끼는 경향성이 있다. 퍼펙트 다이어리가 브랜드 최초로 가상 인물을 만들어 소비자들과 친근한 대화를 나누는 서비스를 제공하고 있는데 이는 외로운 소비를 하는 소비자들의 심리를 파악하여 소통의 장을 제공하였다고 볼 수 있다.

온라인 기반의 라이프스타일

———

중국의 Z세대들은 동영상에 더욱 친근한 감정을 느낀다고 할 수 있다. 영상을 시청하고 콘텐츠를 즐기는 문화적 특징을 가지고 태어났다. 동영상은 주로 짧은 동영상(숏폼, short-form) 시청하기를 원하는 성향이 강하다. 과거에는 사진이나 글을 통해 정보를 접했다면 이제는 움직이는 콘텐츠와 정보를 통해 새로운 것을 알아가는 소통 수단으로 변화했다는 점이다. Z세대는 이러한 정보들에 더욱 민감하고 빠르게 반응한다.

또 다른 하나는 게임을 좋아한다는 것이다. 게임은 95허우들의 중요한 오락 소비이다. 그러나 단순한 오락을 즐기기 위해 게임을 좋아한다기보다는 친구를 사귈 수 있고 소셜 활동을 할 수 있다는 점에서 게임에 대한 매력을 느낀다. 가상현실로부터의 경험에 익숙하다. 온라인 교육, 원격 근무와 같은 흐름이 이들 세대의 주요 생활 트렌드가 될 것이다. 학생들에게는 VR 학습 체험, 온라인 교실이 더욱 편해지게 된다.

물건을 구매하는 쇼핑의 모습 역시 크게 바뀌었다. 대표적으로 라이브 커머스를 꼽을 수 있다. 모바일 동영상 커머스를 통해 물건은 구매하는 것을 가르킨다. 또한, 공유와 연결이 개방된 소비를 포함하고 있다. 어디서나 접속하여 소비를 할 수 있는 것이다. 접속은 모바일 인터넷 플랫폼과 연결되는 것을 가리킨다. 시간과 공간에 제약을 받지 않고 언제든지 자신이 원하는 시간에 접속하여 쇼핑을 체험할 수 있다는 것을 말한다. 이러한 클라우드 쇼핑은 클라우드 라이브, 클라우드 체험 등 클라우드 플러스 인프라와 연결된다. 그리고 5G의 기술은 클라우드 기술의 속도를 더욱 빠르게 발전시킨다.

마지막으로 Z세대의 인맥, 관계에도 변화가 일어난다. 즉 소셜네트워크에서 만난 팔로워들이 곧 친구라는 개념이다. 이는 팔로워 경제로부터 시작되었다. 팔로워 경제는 가상 세계에서 팔로잉한 사람들이 만들어 내는 경제적 이익 창출을 가리킨다. 우리나라만큼이나 관계, 즉 꽌시(关系)를 중요시하는 중국 사회에서 젊은이들의 꽌시는 이제 소셜네트워크로 통한다.

그렇다. 과거 중국의 80허우가 주요 소비층이었고 중산층으로서 글로벌 시장에서 소비의 주역이었다면, 지금은 바뀌었다는 현실을 깨달아야 할 시점이다. 그 흐름의 주역은 90허우와 00허우를 포함한 Z세대가 되었다. 이제 중국의 Z세대를 아는 것은 글로벌 시장을 이끌어가는 세대를 이해하는 것과 같다고 볼 수 있다. 더 나아가 세계적인 오피니언 리더를 아는 것과도 연결된다. 5년에서 10년 후 이들은 사회 주요 곳곳에 등장하게 될 것이다.

Z세대 출현과 플랫폼

———

플랫폼의 출현들은 과연 어떠한 사람들과 함께 성장해 나아갔을까? 다시 말해서 어떠한 세대들의 출현으로 플랫폼이 발전해 나아갈 수 있는 원동력이 되었을까? 점점 더 플랫폼이 중요해지고 있는 시대 가운데, 이 산업을 주인공은 과연 누구일까? 정답은 바로 우리가 앞서 살펴본 Z세대(1995~2000년대 출생자)이다.

그렇다. 결국 우리의 입장에서는 중국의 Z세대 출현과 플랫폼의 발전은 앞으로 더 돈 벌 기회가 많아지는 것이라고 볼 수 있다. 이것은 분명한 중국에서의 새로운 기회가 창출되고 있다는 뜻다. 패스트 무버로서 기회를 차지하여야 한다. 중국이란 플랫폼에서 다이아몬드를 캐내려면 플랫폼의 움직임과 Z세대의 동태를 살펴야 하는 것이 필수가 되었다. 이제 시대의 흐름을 읽으려면 Z세대와 플랫폼의 콘텐츠 및 서비스가 같이 가는 동선을 놓쳐서는 안 된다.

　미국 또한 Z세대들의 오피니언이 점점 더 중요해지고 있는 추세다. 틱톡의 미국 시장 퇴출 이슈를 두고 미국의 젊은이들이 강한 반응을 보였는데, 그렇다면 왜 미국 Z세대의 59%는 틱톡의 미국 퇴출을 반대하였을까? 모닝 컨설트(Morning Consult)에 따르면, 2020년 기준 89%의 미국 청년들이 틱톡을 알고 있다고 밝혔다. 특히 주목할 점은 25%의 Z세대가 만약 미국이 틱톡을 금지한다면 더욱더 사용하고 싶다는 반대의 의견을 밝혔다. 과거 중국은 미국의 플랫폼 비즈니스 모델을 copy from America 해왔다면 이제는 export from China, 즉 중국의 비즈니스 모델을 타국으로 수출하는 방향으로 가고 있다. 바로 전 세계가 중국의 플랫폼을 주목하는 이유이자 특히 Z세대들이 중국 플랫폼 콘텐츠를 사용하는 이유다. 그렇다면 왜 젊은이들은 중국의 플랫폼 콘텐츠들에 매료되었을까? 왜 사람들은 중국 플랫폼에 열광하게 되었을까? 단순히 다른 국가들이 그만큼 파급력 있는 플랫폼을 만들지 않아서일까?

　필자는 그 비결을 플랫폼 기술의 친화력으로 꼽는다. 기술적 친화력은 플랫폼의 유용성을 높여 주어 네트워크를 확산시켜 전파 가능성을 높인다. 콘텐츠 및 서비스 생산자와 받는 이가 서로 유기감이 형성될 수 있도록 설계하는 것이다. 다시 말해 중국의 플랫폼 기술 친화력이란 'C(Content) + E(Entertainment) + S(Social)'의 요소가 결합되었다고 볼 수 있다.

　C는 콘텐츠를 가리키는데 이는 구체적으로 지적재산권(IP)을 뜻

한다. 중국의 기업들은 IP화에 총력을 다하고 있다. IP화의 목적은 자신들만의 고유하며 지속적인 콘텐츠의 알맹이를 만들고자 함이며 우수한 콘텐츠를 보유하는 것은 결국 플랫폼 사용자와의 절대적인 연결과 공감으로 이루어진다고 말할 수 있다. 중국에서는 바로 이 지적재산권을 지키는 것이 매우 중요하다. 여태껏 그들은 다양한 방식으로 외국의 지적재산권의 기술과 콘텐츠를 흡수해 왔기 때문이다. 그리고 이제는 팩토리 인 차이나를 떠나 크리에이트 인 차이나(Create in China), 중국에서 새로운 창작물들이 창조되고 디자인되는 날이 점점 다가오고 있기 때문이다.

E는 엔터테인먼트, 즉 재미적 요소이다. 재미적 요소는 중국의 거의 모든 플랫폼에서 적용되는 규칙적 요소라고 할 수 있다. 이것을 중국말로 요우시화(游戏化, 게임화)라고 한다. 예를 들어 대표적으로 홍바오를 생각해볼 수 있다. 대부분의 중국 플랫폼인 타오바오, 위챗, 진르토우탸오 등 플랫폼 기업들이 홍바오를 사용자들에게 쏜다. 홍바오는 디지털 세뱃돈 형태로 클릭 하나로 디지털 온라인 머니를 받는 것이다. 홍바오를 받는 형태는 숨은 그림 찾기, 글자 맞추기 등과 같은 게임을 통해 획득할 수 있다.

S는 소셜화를 가리킨다. 즉 플랫폼에서 가장 중요한 유대감을 형성하는 네트워크적 요소를 말한다. 대표적인 간단한 예로 모든 것은 위챗을 통해 커뮤니케이션이 이루어진다는 점이다. 특히 기업들은 위챗이 만든 샤오청쉬를 통해 브랜드 PR 및 판매 활동의 촉진하며 소비자와 더욱 가까운 접점을 만들 수 있게 되었다. 중국의

소셜화 네트워크는 실질적인 거래로 이어질 수 있게 설계했다는 것이 큰 특징으로 꼽힌다. 또한, 쌍방향의 커뮤니케이션이 이루어질 수 있는 네트워크 장의 요소를 투입하는 것이다. 이커머스 플랫폼들도 이러한 소셜화 기능을 반드시 넣어 소셜커머스와 같은 플랫폼 역할을 할 수 있도록 한다.

중국 플랫폼의 '성공 4 MEGA' 요인

———

중국 플랫폼의 또 다른 성공 요인을 꼽는다면 바로 상업화이다. 상업화는 'MEGA'라는 요소가 숨겨져 있다. M은 모듈화 전략을 말한다. 플랫폼의 프로세스를 보다 쉽게 만들고 사용자들이 그 프로세스 안에서 유동성 있는 자유로운 움직임을 위해서는 모듈화 전략이 필수이다. 하나의 플랫폼이 구동되기 위해 그 안에 들어가는 여러 하위 설계들을 잘 배치했다고 볼 수 있다.

E는 사용자의 Engagement, 약속을 말한다. 플랫폼에는 규칙이 있기 마련이다. 사용자와의 규칙, 규정이라는 약속적 관계를 형성하였다. 사용자와 단단한 결속력을 만들었다. 네트워크 효과가 대표적으로 이 결속력의 힘을 발휘할 수 있도록 한다.

G는 Government, 정부의 개입을 뜻한다. 원래 플랫폼의 속성상 정부의 개입이 있으면 발전하는데 제약이 있다. 그러나 중국 정부

는 플랫폼 경제를 제약이 아닌 활성화하겠다는 플랫폼 경제 촉진 정책을 발표했다.

A는 배치, 배열인 Arrangement를 가리킨다. 플랫폼 설계를 잘했다는 것이다. 또한, 플랫폼에서 배치, 배열은 사용자가 플랫폼을 접근하여 접속하고 사용하는데 용이하게 작용되어야 한다. 제약이 없도록 했다.

Z세대와의 커뮤니티를 형성한 것은 플랫폼의 발달 단계에서 중요하다. 커뮤니티를 형성하기 위해서 중국 플랫폼들이 사용한 방법은 마니아층을 모으는 것이었다. 대표적으로 앞서 언급한 비리비리의 경우 애니메이션을 좋아하는 Z세대의 특징을 반영하여 커뮤니티를 모으는 데 성공했다고 할 수 있다. 커뮤니티 형성의 조건인 콘텐츠 밀집력이 높았고 그 밀집력 덕분에 마니아층이 우선적으로 모일 수 있는 유입의 응집력을 높인 것이다.

다음 발달 단계로는 흥미롭고 쉬운 플랫폼의 입구를 만들었다. 접근의 용이성과 친밀도를 높였다. 이는 Z세대가 열광할 수 있는 킬 콘텐츠를 만드는 것과 연결된다. 대표적으로 틱톡을 꼽을 수 있다. 음악과 재미라는 요소가 결합된 숏폼을 제작하여 자신을 충분히 표현할 수 있는 점이 플랫폼 입구에 들어갈 수 있도록 사용자들을 매료시켰다고 할 수 있다.

04

중국 플랫폼에 필요한
마케팅은 무엇인가?

브이로그(Vlog) 마케팅

그렇다면 우리가 앞서 살펴본 플랫폼에서 적용할 수 있는 중국 마케팅은 무엇인지 고민하지 않을 수 없다. 이번 장에서는 우리가 쉽게 접근하고 만들 수 있는 마케팅 툴에 대하여 알아보고자 한다. 최근 흐름부터 살펴보면 이제 중국 진출 또는 이미 진출해서 비즈니스를 유지하는데 필수적인 조건으로 디지털 마케팅을 뽑을 수가 있다.

특히 동영상 콘텐츠는 디지털 마케팅에 필수적인 요소로 작용되고 있다. 동영상은 쇼트 클립, 브이로그, 라이브 방송 이렇게 3가지로 나눌 수 있는데, 이번 장에서는 브이로그 마케팅에 대해서 살펴볼 것이다. 브이로그는 동영상과 블로그의 합성어로 중국에서는 '동영상 인터넷 일지'라는 말로 사용되고 있다. 대개 5~15분 정도 재생하지만 재생 시간은 유연하며 10분 이상이 적절하다.

중국 다수 매체들의 의견을 종합해 보면, 중국의 신세대 95허우와 00허우 세대들은 브이로그가 이미 그들의 일상생활을 기록하는 전유물이 되었다고 한다. 2017년부터 열풍이 불기 시작하여 웨이보, 비리비리 소셜네트워크, 커뮤니티 플랫폼들에는 브이로그 영상이 많이 올라오기 시작했다. 2018년, 비리비리의 한 블로그 콘텐츠는 400%까지 성장했다고 한다. 또한, 2019년 기준 비리비리에서 활동하는 브이로그 크리에이터 수는 50만 명에 달하였고 비리비리는 이들 크리에이터를 지원하기 위해 100만 위안(약 1억 6.700만 원)을 지원 자금으로 풀었다.

그렇다. 브이로그는 중국인들 사이에서 인기 바람몰이를 하고 있고 사람들은 자신의 일상과 콘텐츠를 브이로그 형식으로 풀어 자신이 활동하는 플랫폼에 올리는 과정을 거친다. 그러므로 우리는 중국에 브이로그 마케팅에 대하여 알아본다면 중국 내 플랫폼에서의 활동 효율을 더욱 올릴 수 있을 것이다.

아이리서치에 따르면, 2020년 중국의 브이로그 사용자 수는 4억 명 넘게 바라보고 있다. 만약 중국에 제품 동영상을 만든다면 왕홍과 함께 이런 브이로그 영상을 만들어도 좋다. 아니면 꼭 왕홍이 아니더라도 제품 사용에 대한 일지를 동영상, 즉 브이로그를 만들어 보아도 상품 홍보 효과에 많은 도움이 된다. 제품에 대한 이해도와 브랜드에 대한 이미지를 올리는 데 도움을 줄 수 있다.

흥미로운 것은 유명 코카콜라도 브이로그를 만들었다. 블로거

Catson과 코카콜라 40주년 기념을 위해 〈나의 콜라 회기록〉이라는 제목으로 영상을 비리비리에 올렸다. 내용을 살펴보면, Catson에게 빨간 박스의 코카콜라 선물 포장 박스가 도착한다. 그리고 그 안에는 코카콜라와 역사를 기록한 스티커 책이 담겨 있다. Catson은 스티커를 하나하나 코카콜라 캔에 부친다. 동영상으로 보면 참 재밌어 보인다. 특별히 튀지도 않고 잔잔한 동영상 기록 같은 느낌이 물씬 풍겨난다. 코카콜라 이외에도 핸드폰 브랜드 OPPO의 경우 일찍이 브이로그 마케팅을 실행하였다. AndrewGuan, flypig 등 다양한 블로그들이 각 자신의 관점에서 OPPO R15 휴대폰에 대한 사용 후기들을 영상 기록물로 담았다.

국민 음료 브랜드 왕라오지에(王老吉)는 웨이보와 함께 합작하여 브이로그 대회까지 열었다. 그렇다. 지금 중국은 TV 광고보다는 이러한 소셜네트워크에서 통할 수 있는 동영상 방식을 통해 광고 및 홍보를 집행하고 있다. 과거 TV가 매체가 되어 광고를 송출하는 방식의 시대를 지나 플랫폼에서 집행될 수 있는 광고 방식을 더욱 선호하게 된 것이다. 브랜드는 '브랜드 플러스 브이로그' 전략을 바탕으로 인지도를 올려 소비자들의 마음을 더욱 감동시키는 데 집중하고 있다.

중국판 블로거들이 이젠 왕홍이라는 개념을 뛰어넘어 섰다. 브이로그는 일반인들도 쉽게 제작할 수 있고 참여할 수 있는 장점이 있다. 브랜드 입장에서는 소셜네트워크 플랫폼에 팔로워 수가 많은 블로거들과 함께 동영상 콘텐츠를 만드는 방향으로 가고 있다.

왕홍이 생방송을 하고 판매를 연동시키는 것은 전통적이며 필수적인 방식으로 자리잡고 있으며, 최근 들어서는 비리비리와 같은 중국판 유튜브를 통해 브이로그 영상을 올리는 것이 새로운 소통 방식으로 인기를 모으고 있다. 틱톡 역시 브이로그 마케팅에 달려들었다. 'Vlog 10억 유입량 계획'을 들고 나섰다. 틱톡 사용자의 대부분이 브이로그를 하고 있었다.

그러나 브이로그는 비단 온라인에만 해당되는 마케팅 방식은 아니다. 브이로그를 찍을 때는 경험과 스토리를 전달하는 것이 목표이기 때문에 브이로그를 통한 오프라인 경험이 극대화될 수 있는 장치가 마련되어야 한다. 그래서 브이로그 덕분에 오프라인 시장도 활성화되고 있다. 오프라인에서 활동하는 콘텐츠를 중심으로 콘텐츠가 전달되도록 만드는 것이 관건이다. 오프라인 경험을 간접적으로 보여줌으로써 공간을 사실상 초월하고 부분을 담고 있다. 그런 특성 덕분에 오프라인 매장이나 공간을 찍어 올리면 사람들은 그 공간을 더욱 주목하게 된다.

중국의 파워 블로거들은 자신들의 여행 일지를 브이로그 형식으로 담아 웨이보에 공유한다. 유명 왕홍 장다이 역시 브이로그 방식으로 자신의 일상을 자신의 웨이보에 포스팅한다. 상하이에서 여행을 주제로 LV 역시 개최한 행사에 블로거들을 초청한 적이 있다.

브이로그는 브랜드에게 있어서, '브랜드 + 플랫폼 + 사용자 + 연예인(또는 왕홍. 크리에이터)'의 콘텐츠 생태계를 만드는 것이 목표이다.

이를 통해 팔로워들과 소통 영역을 확장하고 상호 교류적인 이해 구조 관계를 형성하도록 한다. 팬덤층을 형성하게 유도함으로써 사용자들의 참여 또한 촉진시킬 수 있다. 중국의 브이로그는 패션, 뷰티, 음식, 여행업계에서 진행하는 마케팅 수단으로 자리 잡고 있다.

브이로그에 가장 중요한 요소:
3C(Concept, Creator, Commerce)

그렇다면 브이로그를 만들 때 가장 중요한 요소들은 무엇이 있을까? 먼저 뚜렷한 스토리가 담겨야 한다. 나만의 일상을 표현하는 언어가 들어가야 한다. 블로거만의 콘텐츠 전달력과 편집 색깔들이 녹아들어 가야 한다. 자신을 나타낼 수 있는 이미지와 이야기들을 구성하여 넣는 스킬 역시 필요하다. 브이로그에 연출되는 콘셉트들은 스토리를 더욱 응집력 있게 발전시킨다. 콘셉트가 명확해야 하고 나만의 느낌과 분위기를 연출해야 한다. 또한, 플랫폼 내 카테고리의 특성과 맞아야 커뮤니티를 모을 수 있다. 비리비리의 경우, 애니메이션 카테고리를 공략한다면 그에 맞는 분위기를 연출시켜 브이로그 스토리 구성안을 짜볼 수 있다.

앞서 말했듯이 스토리 안에는 콘셉트가 있어야 한다. 응집력 있

07. 중국의 디지털 플랫폼 전략

는 스토리를 영상의 편집 분위기에 맞게 표현해 내어야 한다. 콘셉트는 내가 구상하고 있는 그림이다. 비주얼적으로는 일종의 분위기를 어떻게 연출할 것인지에 대한 생각이다. 그러한 콘셉트를 브이로그에 명확히 담아 낼 줄 알아야 한다. 그럼으로써 브이로그를 통한 수요자와 공급자가 원하는 일치점을 만들어야 한다. 이러한 요소들에는 엔터테인먼트적 요소, 배울 수 있는 학습의 요소들이 들어가면 더욱 좋다. 그러나 이 콘셉트를 어디로부터 유입할 것인지가 중요하다. 대다수의 경우 브이로그를 접하기까지 위챗을 통해 약 58.3%가 유입되며, 요우쿠 또는 아이치를 통해 56.9%가량이 브이로그에 유입된다고 한다. 플랫폼 인 플랫폼(platform in platorm) 방법을 통해 콘텐츠가 송출된다. 이 방법은 지속적인 유입을 불러일으킬 수 있는 인터페이스 역할을 한다. 따라서 플랫폼이 정체되지 않으려면 지속 가능한 유입의 방법, 전략을 끊임없이 고민해야 한다. 트래픽 양이 증가할 수 있는 콘텐츠와 수요자 입구를 개방해야 한다.

크리에이터

———

세 번째로 플랫폼 마케팅에 필요한 요소는 바로 크리에이터이다. 판매 중심의 왕홍보다는 콘텐츠 생산 중심의 크리에이터 시대가 다가왔다. 크리에이터는 보다 전문성을 가지고 개성이 있고 특별난 자신만의 콘텐츠를 창작할 수 있는 사람들을 가리킨다. 중국이 틱톡과 웨이보를 만들면서 많은 크리에이터를 창출해 냈다. 비리비리가 생기면서 그 수는 폭발적으로 증가하기 시작했다. 많은 플랫폼 기업들은 크리에이터 보조 계획을 추진하기 시작했다.

콰이쇼우는 향후 5,000만 명의 크리에이터가 상업적인 수익을 얻을 수 있도록 브랜드와 크리에이터를 지원하기로 밝혔다. 400억 개 규모의 트래픽을 보조할 것이라고 한다. 진정한 크리에이터는 나를 위해서가 아닌 대중들을 위해서 콘텐츠를 생산해 내야 한다. 최근 중국 플랫폼에서는 외국인 크리에이터들을 영입하는 움직임을 보이고 있다.

크리에이터는 자신만의 퍼스널 브랜딩이 들어가야 한다. 이를 통해 자신의 콘텐츠를 부각시키며 성장할 수 있다. 특히 플랫폼에서 활동하는 크리에이터라면 콘텐츠와 부합한 자신의 이미지를 잘 설정해야 한다. 명료한 자기 콘셉트가 있어야 한다. 콘셉트는 곧 브랜드의 수익 창출과 이어지기 때문이다. 브랜드 콘셉트 방향과 맞는 크리에이터의 색깔을 갖추어 발전하는 것이 중요하다.

전자상거래

중국 플랫폼에 기존 공식은 '플랫폼 + 산업화'였다. 그러나 이제는 '산업화 + 플랫폼'의 공식으로 요소를 투입하는 순서가 바뀌었다. 지금은 거의 모든 전방위적 산업 위에 플랫폼이란 공식을 넣기 시작했다. 모든 산업 위에 플랫폼을 얹는 방식이다.

이 기본적인 공식에 하나를 더 투입하자면 바로 전자상거래이다. 예를 들어 '플랫폼 + 전자상거래 + 영상'이다. 특히 기존 쇼트클립 플랫폼에는 전자상거래 영역이 추가되면서 상업적으로 더 많은 부가가치를 내고 있지 않은가. 틱톡(더우인)이 플랫폼에 상점을 연결하여 더우샹(더우인 상인을 가리킴)들이 생겨난 것과 같다.

플랫폼 내 콘텐츠가 단순히 재밌게 보이는 결과물로만 끝나는 것이 아니라, 상거래와의 연결로 거래가 움직이게 되었다. 즉 수익이 창출되는 효과를 가져다준다. 반대로 그 돈이 오고 가는 거래 개념의 상거래는 플랫폼이 한층 더 성숙해지는 커뮤니케이션 효과를 가져다준다. 콘텐츠를 즐기면서 제품이나 서비스에 대해 구매까지 즐길 수 있는 환경이 조성되었다고 볼 수 있다.

《플랫폼 기업 전략》에 따르면, 커뮤니케이션은 플랫폼 안에 있는 사용자들 사이에서 일어나는 실질적인 거래라고 설명하고 있다. 그렇다. 플랫폼이란 큰 커뮤니티 안에서 상거래가 연결고리가 됨으로써 현금이 창출되는 물질적 거래의 공간이 만들어졌다고 볼 수 있다.

유명 왕홍 장다이는 자신의 뷰티 브랜드를 론칭하면서 자신이 운영하던 기존 웨이보와 티몰, 타오바오 숍과 연동되어 더 많은 구매 효과를 불러일으켰다. 대표적으로 성공한 사례로 꼽히고 있는데 이는 장다이가 왕홍 효과를 누렸다고 보지 않고 오히려 플랫폼 효과를 보았다고 이야기할 수 있다.

종합적으로 살펴보면, 브이로그 마케팅에 있어 콘셉트, 크리에이터, 상업, 이 3요소가 매우 중요한 바퀴 역할을 한다고 볼 수 있겠다. 이 세 박자가 모두 맞아야 한다. 이 요소들이 잘 융합되려면 각 요소들끼리의 협력이 필요하다. 아주 긴밀한 협력이다. 이제 크리에이터에게는 창작물(콘텐츠)을 잘 표현해 내는 숙련된 기술과 아이디어가 점점 더 필요하게 되며 콘셉트 또한 콘텐츠와 크리에이터 본연의 색깔이 녹아든 정리가 필요하게 되었다. 그리고 상업은 크리에이터의 제품이나 서비스가 실질적인 소비로 이어지는 연결 창구가 되었다고 할 수 있다.

그렇다. 우리는 이제 모든 것이 연결된 세상에서 살고 있다. 특히 중국 디지털 마케팅을 논할 때는 연결이란 초점을 빼놓고 이야기하지 않을 수 없게 되었다. 포스트 코로나 시대에 이 연결이 가리키는 의미는 우리에게 더욱 깊은 의미로 다가온다. 오히려 단절보다는 디지털로 더욱 끈끈한 연결을 창조해야 한다.

플랫폼은 인간을 더 행복하게 할 수 있을까?

제4의 물결을 준비해야 할 때

디지털 플랫폼은 사람들의 경험을 재구현하고 혁신적인 가치를 제공하는 데 역할을 했다. 그렇다면 그 안에서 사람들은 진정한 자유와 기쁨을 누렸는지 묻고 싶다. 특히 중국 경제는 규모의 플랫폼 기업들의 출현으로 많은 편리와 이득을 누렸는데 세계적인 시각에서 다른 이웃 국가들도 원하는 공통적인 경험적 가치였는지 묻고 싶다. 그래도 중국이 플랫폼 분야에서는 월등히 압도적인 위치에 있다는 것을 인정해야 한다. 비록 만리방화벽을 만들었지만 내수 시장에 필요한 생태계와 디지털 자원들을 만들어 미국 나스닥 시장에까지 상장하는 기업들이 늘어나고 있기 때문이다.

미국의 입장에서는 중국의 플랫폼 기업들을 향해 제재를 걸 수밖에 없다. 입장을 바꾸어 우리나라에 중국 플랫폼들의 자본이 들어온다면 우리나라의 생태계가 위협당할 수도 있다. 특히 소프트웨어 측면의 자원들을 빠르게 흡수하기 때문에 이를 기반으로 규모의 경제를 실현한다면 사람들에 대한 빅데이터가 레드 머니에 넘어갈 수 있는 가능성을 아예 배제해서는 안 된다. 그러나 지나친

근심은 오히려 나 자신의 건강을 해치는 법. 오히려 우리가 빨리 우리만의 생태계를 전 세계로 확장해야 하는 동기 부여를 심어 준다.

텐센트는 위챗, QQ, 페이먼트, 샤오청쉬 등을 기반으로 자신들의 생태계를 확장해 왔다. 사람들은 매우 익숙하게 그 생태계 안에서 일상을 살아가고 있다. 이젠 그 기업들이 주는 서비스가 삶을 너무나 편리하게 만들었다. 2020년 1월 14일 '2020 텐센트 구역 생태계 합작 대회'를 열었다. 정부의 지원을 힘입어 텐센트만의 도시형 콘텐츠 운영 생태계를 세우겠다는 것이다. 이를 기초로 텐센트 전체 플랫폼의 콘텐츠 창작 기회를 더욱 넓힌다고 하였다. 이를 통해 중국 고유의 스토리를 만들어 내겠다는 뜻이다.

이제 앞으로는 중국 자국 내의 콘텐츠 지적재산권을 창출하고 확보하겠다는 것이다. 콘텐츠 영역에서는 텐센트가 게임, 엔터테인먼트 상품으로서 중국 내 점유율을 크게 차지하고 있으며 이러한 엔터테인먼트 콘텐츠 또는 PGC 콘텐츠를 QQ나 위챗과 같은 소셜네트워크와 연결하여 핵심 띠를 만들고자 하는 것이다. 또한, 앞서 말한 것처럼, 쇼트 클립 사업에 집중하는 퍼포먼스도 보여 주고 있다. 음악 쇼트 클립 애플리케이션 인투(音兔)와 브이로그를 활성화시킬 계획이다.

일본의 플랫폼 전략가 대가인 히라노 아쓰시 칼은 21세기에 플랫폼 규칙을 적용하지 않는 기업은 살아남는 것이 힘들 것이라 했다. 또한, "플랫폼을 만드는 기업이 곧 게임의 규칙을 만드는 것"이라며 플랫폼에 대한 중요성을 강조했다. 그렇다. 중국의 플랫폼은 빠르게 성장하며 사람들을 끌어모아 왔다. 틱톡을 통해 문화의 규칙을 만들었듯이 말이다.

일상에서 사람들의 네트워크 경로를 단축 및 결합시켰다. 기업들은 각종 서비스를 내놓으며 기존에 있던 서비스와 연결하여 그 생태계 안에 들어갔다. 예를 들어 알리바바 생태계에 들어가든 텐센트 생태계에 들어가든 또는 다른 기업이 만들어 놓은 생태계에 들어가든 '선택'을 해야만 했다. 그것이 곧 기업의 지속 가능한 생명과 연결된 숙명과 같이 여겨져 왔다. 플랫폼 비즈니스만큼 빛의 속도로 수요자와 공급자를 이어 주는 것은 이전에 존재하지 않았다. 공급자 역시 수요자를 다른 곳에서 찾지 않아도 시간 낭비를 덜하게 되었다. 둘 다 시간을 절약할 수 있게 된 것이다.

알리바바 CEO 장융(張勇)은 이코노믹 포럼(ECONOMIC FORUM)에서 "플랫폼 경제의 핵심은 타인을 위한 창조적 가치를 만들 수 있느냐 없느냐에 달려 있다."라고 말했다. 그렇다. 알리바바가 20여 년 전, 처음 세워졌을 때 그들의 사명은 "하늘 아래 어려운 사업이 없게 하자!"였다. 첫 비즈니스였던 플랫폼 타오바오를 만들었을 때에 중소기업들과 소비자를 이어 주고 서로 상생하며 도와주는 개념으로부터 시작하였다.

장융은 연이어 "그들이 가장 관심을 가지고 있는 것은 어떻게 인터넷의 역량을 상업 세계에 응용할까?"라는 질문을 하였다. 그래서 결론적으로는 고객들에게 창조적 가치를 제공하는 것이 그들의 곧 알리바바 플랫폼의 사명이라고 강조하였다. 처음에는 타오바오와 티몰만 운영하던 전자상거래 플랫폼 비즈니스에서 이제는 빅데이터, 금융, 물류, 클라우드까지 영역을 진출한 거대한 플랫폼 기업이 되었다. 단순한 사업 확장이 아닌 끊임없이 사람들을 위한 가치가 무엇인지 발굴을 연구하고 있음을 알 수 있다.

장융의 말을 더 빌리자면, "플랫폼이 알리바바가 아니다. 진정한 플랫폼은 서로 이익이 있는 집단이 모이는 집합체이다. 이것이 관건이다."라고 말하였다. 결국 중국에 생겨나고 있는 플랫폼 회사들은 더 이상 그들의 비즈니스만이 실제가 아니다. 진짜 실존은 상호 이익을 추구하는 집단과 사람들이 점점 더 모여들고 있다는 사실이다.

플랫폼은 마치 바이러스와 같다. 한 번 퍼지면 연결고리를 형성하여 네트워크 효과를 발휘해 생태계를 형성한다. 미래 플랫폼 전략을 취하지 못하는 기업은 힘들 것이란 말이 때론 무섭게까지 들린다. 그러나 우리에게는 미래가 있다. 희망이 있다. 이제 막 플랫폼 경제로 진화하는 단계에 와 있다. 그렇다면 정말로 이 문턱을 넘어 진정한 플랫폼 경제권을 쥐어야 한다. 이제는 어느 것이든 플랫폼 사유와 전략을 채택해야만 경쟁의 시대에 진정한 경쟁을 하고 살아갈 수 있을 것이다.

하버드대학에서는 무료 온라인 과학 교육 플랫폼을 개설하였다. 돈이 없어도 지리적 제한 없이도 무료로 과학 교육에 참여할 수 있게 되었다. 이렇게 교육에도 나라 국경의 경계가 무너지며 누구나 참여할 수 있는 권리들을 제공할 수 있게 되었다. 플랫폼이 말이다.

중국의 경제는 지금 회색빛이다. 중국의 경제는 비 온 뒤 무지개가 뜨기를 기다리고 있지만 아직 때가 되지 않은 듯싶다. 홍콩 보안법과 관련하여 유엔 전문가들은 철회하라고 외쳤지만 그들은 공의(justice)를 저버리고 도덕적 균형을 잃었다. 일국양제(一国两制, 하나의 국가, 두 개의 제도)를 폐지하며 강압적인 홍콩보안법 시행 등 사회적으로도 많은 문제가 발생하고 있기 때문이다.

그뿐만 아니라 국제 관계 역시 좋지만은 않다. 인도와의 관계에서도 갈등을 빚고 있다. 인도에서는 중국 앱에 대한 퇴출을 요구하고 있고 시진핑 사진을 태우는 등 미국과 같은 반중국 정서가 심해지고 있다. 반면 러시아와는 손을 잡고 있는 자세를 취하고 있다. 미국이 화웨이를 제재하고 나선 가운데 오히려 러시아는 중국의 5G와 손을 잡겠다고 나섰기 때문이다.

이쯤에서 중국에 질문을 던져 보아야 할 것이다. 과연 그들은 세계의 관점에서 포용적이었는가? 혹은 강압적인 제도를 강요한 적은 없었는가? 이런 혼란스러운 상황에도 불구하고 그들은 플랫폼 기업과 서비스를 만들어내는 데 지치지 않고 꾸준히 나아가고 있다. 이유는 경제의 패권을 잡기 위해서이다. 그리고 그것은 재차 강조하지만, 4차 산업혁명의 기술의 주도권을 잡기 위함이다. 이제 이 주도권 잡기 싸움은 속도, 시간에 달렸다. 세계 흐름이 플랫폼 경제 구도로 가고 있고 그 중심의 경제권과 사회적 오피니언 리더로서 권력을 잡기 위해서 발버둥 치고 있다.

여기에 우리는 이를 경계해야 하지만 동시에 준비해야 한다. 앞으로 우리가 나아갈 길은 무엇인가? 무엇이 우리의 사회와 경제를 더욱 풍요롭게 만들 것인가? 우리 삶에 플랫폼 기업들이 침투해 오고 있다. 긴장의 끈을 놓치지 않아야 한다.

마지막으로 이 글을 마치며 다음과 같은 말을 하고 싶다. 우리는 현재 DNA 관리가 더욱 중요해지는 시대에 살아가고 있다. 좋고 건강한 DNA는 계속해서 건강한 DNA를 창출할 수도 있겠지만, 악성 바이러스가 침투하면 DNA의 성질이 변화된다.

그렇다면 4차 산업혁명 시대의 DNA를 어떻게 정의해야 할까? 바로 점점 스마트해지고 있다는 것이 특징이다. 세계 각국 정부들은 이제 DNA를 바꾸는 갈림길에 서 있다. 그렇다. 이제 본질은 유전자를 바꾸는 것이다. 디지털 혁신을 도모할 수 있는 유전자 세포를 바꾸는 일들이 남았다. 그 이후에는 새로운 뉴노멀이 기다리고 있기 때문이다. 우리들의 새로운 소통 방식과 문화가 바로 앞으로 새로운 기준과 뜻밖의 변화를 몰고 오게 될 것이다.

4차 산업혁명 플랫폼 시대에 우리는 융·복합을 뛰어넘어 통섭의

마치며

사상을 가지고 살아가야 한다. 새로운 가치로서 선도적 삶의 사명을 가져야 할 것이다. 무엇보다 미래 중국은 앞으로 '왕관을 쓰려고 하는 자, 그 무게를 견뎌야' 할 사명이 발등 아래 떨어졌다.

참고문헌

[국내 문헌]

· 고명석, 《OTT 플랫폼 대전쟁》, 도서출판 세빛 (2020)
· 김광석, 《긴급 수정경제전망 더블 딥 시나리오》, 지식노마드 (2020)
· 김광석, 김상윤, 박정호, 이재호, 《미래 시나리오 2021》, 더퀘스트 (2020)
· 김난도, 전미영, 최지혜 외《트렌드코리아 2020》, 미래의창 (2019)
· 김난도, 전미영, 김서영 《트렌드 차이나》, 오우아 (2013)
· 김용섭 《언컨택트》, 퍼블리온 (2020)
· 남대일, 김주희, 정지혜 외《성공하는 스타트업을 위한 101가지 비즈니스 모델 이야기》, 한스미디어 (2017)
· 대학내일20대연구소, 《트렌드 MZ 2019》, 한빛비즈 (2018)
· 캐롤라인 듀잉, 팀 존스, 《미래예측 2030》, 광문각 (2019)
· 다나카 미치아키, 《아마존 미래전략》, 반니 (2018)
· 다나카 미치아키, 《미중 플랫폼 전쟁 GAFA vs BATH》, 세종서적 (2019)
· 랑셴핑, 《부자중국 가난한 중국인》, 미래의창 (2011)
· 리즈후이, 《데이터를 지배하는 자가 세계를 지배한다》, 더봄 (2019)
· 리처드 돕스, 제임스 매니카, 조나단 워첼, 《미래의 속도》, 청림출판 (2016)
· 리처드 다베니, 《넥스트 레볼루션》, 부키 (2018)
· 마셜 밴 앨스타임, 상지트 폴 초더리, 제프리 파커, 《플랫폼 레볼루션》, 부키 (2017)
· 미야자키 마사히로, 다무라 히데오, 《중국발 세계 경제 위기가 시작됐다》, 센시오 (2020)
· 박경수, 《언택트 비즈니스》, 포르체 (2020)
· 박승찬, 《THE CHINA 더 차이나》, KMAC (2020)
· 박영숙, 제롬 글렌, 《세계미래보고서 2019》, 비즈니스북스 (2018)
· 박영숙, 제롬 글렌, 《세계미래보고서 2020》, 비즈니스북스 (2019)
· 사비오 첸, 마이클 자쿠어, 《중국의 슈퍼 컨슈머》, 부키 (2015)
· 알렉사 모아제드, 니콜라스 존슨, 《21세기 경제를 지배하는 플랫폼 기업전략》, 세종연구원 (2019)
· 야마구치 슈, 《뉴타입의 시대》, 인플루엔셜 (2020)
· 에드워드 체, 《중국은 어떻게 세계를 흔들고 있는가》, 알키 (2018)
· 유한나, 《지금 중국은 스마트 인 차이나》, 북네스트 (2019)
· 유효상, 《UNICORN 유니콘》, 클라우드나인 (2016)
· 윤재웅, 《차이나 플랫폼이 온다》, 미래의창 (2020)
· 이경식, 《코로나 19 이후의 미래》, 도서출판 중원문화 (2020)
· 이성현, 《미중전쟁의 승자, 누가 세계를 지배할 것인가?》, 책들의 정원 (2019)
· 이승우, 《중국몽의 추락》, 기피랑 (2020)
· 이승훈, 《중국 플랫폼의 행동방식》, 와이즈베리 (2020)
· 이승훈, 《플랫폼의 생각법》, 한스미디어 (2019)
· 이준영, 《코로나가 시장을 바꾼다》, 21세기북스 (2020)
· 이지성, 《에이트 EIGHT》, 차이정원 (2020)
· 이창주, 《일대일로의 모든 것》, 서해문집 (2017)
· 최윤식, 《앞으로 5년 미중전쟁 시나리오》, 지식노마드 (2018)
· 최재천, 장하준, 최재붕, 홍기빈, 김누리, 김경일, 정관용, 《코로나 사피엔스》 (2020)
· 크리스토퍼 에버튼 볼딩, 《2030 중국의 미래인재 조건》 (2018)
· 폴 크루그먼, 제이슨 퍼먼, 올리비에 블랑샤르, 아담 S 포센, 《코로나 경제전쟁》, 매일경제신문사 (2020)

· 필립 코틀러, 허마원 카타자야, 이완 세티아이아완, 《필립 코틀러의 마켓 4.0》, 더퀘스트 (2017)
· 한국경제신문 코로나 특별취재팀, 《코로나 빅뱅, 뒤바뀐 미래》 (2020)
· 한우덕, 《중국함정》 (2018)
· 홍기영, 《플랫폼 승자의 법칙》, 매일경제신문사 (2020)
· 황지영, 《리테일의 미래》, 인플루엔셜 (2019)
· MBN 중국 보고서팀, 《무엇이 중국을 1등으로 만드는가》, 매일경제신문사 (2018)

[국외 문헌]

· 黎万强, 《参与感》, 中信出版社, (2018)
· 小米生态链谷仓学院, 《小米生态链战地笔记》, 中信出版社, (2017)
· 忻榕, 陈威如, 侯正宇, 《平台化管理》, 机械工业出版社, (2019)
· 杰奥夫雷G. 帕克, 马歇尔W. 范·埃尔斯泰恩, 桑基特·保罗·邱达利, 《平台革命：改变世界的商业模式》, 机械工业出版社, (2017)
· 盘和林, 张宗泽, 沈芝羽, 《宅经济》, 电子工业出版社, (2020)
· Amrit Tiwana, 《平台生态系统——架构策划、治理与策略》, 北京大学出版社, (2018)
· Amrit Tiwana, 《Platform Ecosystems》, Morgan Kaufmann Publishers, (2013)

[보고서]

· 김성욱 정보통신정책연구원 ICT 전략연구실, 〈중국 인터넷플랫폼 기업의 현황 및 성장전략〉, 인천연구원 (2020)
· 김병연 투자전략, 〈미국은 이미 플랫폼 세상, 한국은?〉, NH투자증권 (2019)
· 박외진, 〈인공지능 플랫폼의 개념과 도입 전략〉, 정보통신기술진흥센터 (2018)
· 〈艾媒报告 |2019中国全域旅游大数据监测及其典型区域与典型产业剖析报告〉, 艾媒 (2019)
· 〈"Z世代" 群体消费趋势研究报告〉, 苏宁金融 (2020)
· 〈中国互联网络发展状况统计报告〉, CNNIC (2020)
· 〈B站商业化探索频频：品牌方如何布局"小破站"营销〉, M面朝 (2020)
· 〈中国视频内容电商行业白皮书〉, 艾瑞研究院自主研究与绘制, 2020
· 〈The rise of the platform economy〉, Deloitte, 2018
· 〈CHINA'S DIGITAL PLATFORM ECONOMY: ASSESSING DEVELOPMENTS TOWARDS INDUSTRY 4.0〉, MERICS REPORT, 2020
· 〈Benefits of online platforms〉, oxera.com, 2015
· 〈중국 플랫폼경제, GDP의 10.5% 차지로 일상생활 침투 가속화〉, KITA, 2018

[논문]

· 김예지, 김애선, 주강진, 윤예지, 신영섭, 조명철, 이민화, 조산구, 〈KCERN〉, (2018)
· 박지현, 〈중국, 무엇을 어떻게 가르칠 것인가:커리큘럼, 플랫폼, 그리고 리터러시〉, 대한중국학회, (2018)
· 박철현, 〈코로나19와 중국 스마트시티: 격자망화 관리, 방역관리 플랫폼, 건강정보코드와 사회관리체제 = COVID19 and Smart City in China: Grid Management System, Quarantine Management Platform, Health Information Code and Social Management System〉, 국민대학교 중국인문사회연구소, (2020)
· 배성주, 이성호, 〈플랫폼 생태계에서 플랫폼 이해 관계자들의 경쟁 동학 및 생존 전략 = Competitive Dynamics of Complementors in Platform Ecology〉, 한국창업학회 (2018)

· 배성주, 이성호, 〈조직 생태학 관점에서 본 플랫폼 이해관계자들간의 상호 작용 및 전략 = Platform Interaction and Strategy from the Perspective of Organizational Ecology〉, 한국기술혁신학회, 2019
· 정시구, 〈한중일 제조업분야 창조적 플랫폼에 대한 연구 = A Study on the Creational Platform of The Manufacturing Sector in Korea, China, and Japan〉, 한국공공관리학회, (2015)
· 손영화, 〈디지털 이코노미 시대의 경쟁정책의 과제 - 디지털 플랫폼을 중심으로 - = Challenges of Competition Policy in the Digital Economy Era - Focus on digital platforms -〉, 한국경제법학회, (2020)· 엄금철, 허재강, 〈신선식품 이커머스 플랫폼과 고객의 충성도, 구전의도에 관한 연구: 중국소비자를 중심으로〉, 한국품질경영학회, (2019)
· 진동수, 〈플랫폼 비즈니스의 성공과 실패에 대한 탐색적 연구 = Exploratory Research on Success & Failure of Platform businessExploratory Research on Success & Failure of Platform business〉, 한국통상정보학회 (2013)
· 최필수, 이희옥, 이현태, 〈데이터 플랫폼에서의 중국의 경쟁력과 미중 갈등 = China's Competitiveness and US-China Conflict in Data Platforms〉, 영남대학교 중국연구센터, (2020)
· 홍대식, 〈모바일 생태계에서의 플랫폼 중립성 확보를 위한 경쟁규제 방안 = Competition Regulation Method for Securing Platform Neutrality in the Mobile Ecosystem〉, 한국방송학회, (2013)

[신문기사]

· 〈拼多多的三农梦想〉, 亿邦动力, 2020
· 〈疫情期间数字货币、数据应用、人工智能等显著发展 全球经济数字化转型"踩油门"〉, 中国青年网, 2020
· 〈澎湃新闻记者 吴雨欣, 在线新经济｜疫情过后, 社区电商的"草"该怎么种〉, 新浪科技, 2020
· 〈疫情给中国的无人商店带来了新的生命〉, 百度 智慧智能零售科技, 2020
· 〈高瑞东：疫情冲击下中国经济的三种选择〉, 经济观察报, 2020
· 〈叮当快药订单超去年同期10倍 医药新零售加速落地(附股)〉, 金融界, 2020
· 〈阿里巴巴1688商+直播, 单日"云发布"产业带女装新品10万款！〉, 网易新闻, 2020
· 〈阿里1688批发平台支招：转内销, 帮外贸老板线上卖货〉, 36kr, 2020
· 〈大空头为什么会对小米低头？〉, 快科技, 2020
· 〈2020年5G助力我国远程医疗进入发展新阶段 互联网问诊和虚拟医院前景看好〉, 前瞻网, 2020
· 〈"宅经济"催生新主播, 百种线下职业工作者涌入淘宝直播卖货〉, 界面新闻, 2020
· 〈"宅经济"兴起, 直播成为复工"加速键"〉, 澎湃新闻, 2020
· 〈关注｜疫情期间健身, 人们期待健身器材也"健康"〉, 百度 河北新闻网, 2020
· 〈4月制造业PMI回落至50.8% 海外疫情影响开始显现〉, 百度 新浪财经, 2020
· 〈无人机、机器人……中央企业是疫情防控打造有力武器〉, 新浪财经, 2020
· 〈百度AI携手荷清柔电推出远程监护方案 解决老幼独居人群疫情防护难题〉, GEEKPARK, 2020
· 〈无人便利店"在楼下"获千万美元融资 无人零售市场走势如何？〉. 百度 中商情报网, 2018
· 〈一天两次密集签约, 后疫情时代百度AI落地再加速〉, 新浪财经, 2020
· 〈2020年中国数字经济行业市场分析：疫情间面临三大发展机遇 加强政策引导推动发展〉, 搜狐, 2020
· 〈"无感支付"大火, 到底什么才是无感？〉, 百度 RideIP玩转知识产权, 2019
· 〈解密！苏宁易购2019年年报：全场景融合深化 开发平台发展加速｜财报AlphaGo〉, 百度 新浪财经, 2020
· 〈钉钉CEO陈航：钉钉帮助组织智能协同从内部走向生态 拓展业务新增长模式〉, 新华网, 2019
· 〈钉钉成全球最大在线会议平台, 单日会议人次超1亿〉, 泡泡网, 2020

· 〈腾讯发布SaaS生态"千帆计划"与合作伙伴共生长〉，腾讯科技，2019
· 〈数字经济动能强劲 引领高质量发展〉，CA.GOV.CN，2020
· 〈疫情对中国宏观经济影响及政策建议〉，199it，2020
· 〈央行数字货币DCEP走进现实：一小步，一大步〉，百度 巴比特资讯，2020
· 〈阿里钉钉发布海外版DingTalk Lite 支持英文、日文等多种语言〉，扬子晚报网，2020
· 〈平安好医生"云看病"，创新模式让患者病有所"医"〉，新华社，2020
· 〈企业微信投10亿启动智慧教育；平安好医生疫期访问量破10亿；全国5G用户超5千万；上海将办五五购
   物节〉，搜狐，2020
· 〈腾讯防疫健康码〉，腾讯，2020
· 〈工人日报，腾讯健康码目前已有9亿用户访问量达420亿〉，百度 工人日报，2020
· 〈CNMO手机中国，腾讯QQ发布《00后在QQ》数据报告：一半会员是00后〉，百度 CNMO手机中国，2019
· 〈那些年你热衷的 QQ，如今已成 95 后的天下〉，飞象网，2018
· 〈叮当快药开始造车了？全程无人驾驶太霸气〉，百度 中国新闻网，2020
· 〈艾瑞咨询：87%用户期待拥有家庭医生 六成认为每年1000-5000元是合理价格〉，百度 快科技，2020
· 〈小红书毛文超：幸福感、强互动、产品力是新消费品牌的关键词〉，百度 环球网，2020
· 〈小红书曾秀莲：爆红的新消费品牌都足够了解年轻人〉，百度 中国经济网，2019
· 〈京东智慧物流三大支柱：AI+物流到底发展得怎么样了〉，快科技，2017
· 〈产品体验报告：哔哩哔哩，年轻人的世界〉，人人都是产品经理，2019
· 〈产品分析 | 哔哩哔哩，从垂直平台到综合社区平台〉，人人都是产品经理，2019
· 〈新浪财经，互联网快递下半场，菜鸟裹裹：场景为王〉，百度 新浪财经，2020
· 〈小米技术立业进入新阶段：内生外延打造"超级互联网"〉，21财经，2020
· 〈在线职业教育成两会热点话题 腾讯课堂致力于做好社会就业"稳定器"〉，百度 金融界，2020
· 〈腾讯课堂战略升级为服务政府、企业、学校和学员的综合性平台〉，百度 芥末堆教育，2020
· 〈不一样的爱奇艺随刻版：以技术和内容为依托的综合视频社区〉，百度 阑夕，2020
· 〈在爱奇艺随刻，读懂年轻人的说唱表达〉，百度 央广网，2020
· 〈YouTube模式背后：爱奇艺"随刻"靠什么打动创作者？〉，百度 新浪财经，2020
· 〈阿里1688与淘宝特价版全面打通，消费者买工厂货体验将更好〉，百度 楚天都市报，2020
· 〈1688与淘宝特价版打通 阿里巴巴想要抓紧正在触网的工厂端〉，百度 新京报，2020
· 〈京东生鲜"绿色通道"开通B2B渠道〉，电商报，2020
· 〈扑通社区放大音乐情感价值，QQ音乐温暖Z世代心房〉，砍柴网，2020
· 〈运营沉思录："扑通"社区如何圈住Z世代〉，人人都是产品经理，2020
· 〈QQ音乐10.0的"扑通社区"〉，人人都是产品经理，2020
· 〈加码直播！QQ音乐内测独立App"Fanlive"〉，chinaZ.com，2020
· 〈疫情过后，4000亿音乐市场该如何破局，QQ音乐+B站已立标杆〉，百度 郝闻郝看，2020
· 〈2019数字音乐市场年度回顾，QQ音乐继续领跑〉，百度 娱文人生，2020
· 〈张一鸣的全球化之路〉，I黑马网，2020
· 〈苏宁易购首个直播基地"趣逛逛"将亮相〉，南报网，2020
· 〈上半年国内OTA市场交易额超7000亿，携程占55.7%〉，搜狐视界旅行家，2019
· 〈几个关键词，看懂2020上半年〉，易观分析，2020
· 〈在线教育行业加速发展，2022年市场规模将超过5400亿元〉，百度 AI锐见，2020
· 〈中国在线教育市场今年预计突破4000亿元 全球180个国家12亿学生需要线上学习〉，每日经济新闻，2020

· 〈央视报道叮当快药：28分钟即时配送，打造近场健康服务"新基建"〉，金融界，2020
· 〈叮当快药启动移动专科医生战略，逐渐打造"医+药+检+险"闭环〉，亿欧，2020
· 〈携程"V计划"出海，开启全球直播带货〉，36氪，2020
· 〈菜鸟裹裹CEO李江华：寄快递将进化为全天候、全程服务，明年普惠4亿用户〉，经济观察报，2020
· 〈唯品会2020一季度：盈利能力强韧，净利9.86亿同比增20.8%〉，百度 中国青年网，2020
· 〈中国短视频行业深度报告："15秒"改变世界〉，360doc个人图书馆，2020
· 〈又一巨头参与DCEP！京东数科与数字货币研究所达成合作〉，网易，2020
· 〈抖音日活跃用户破6亿，未来一年让创作者赚800亿〉，中新经纬，2020
· 〈全国18省已建成117个盒马村 超过6成在疫情后落地〉，赢商网，2020
· 〈阿里巴巴发布《2020农产品电商报告》：未来五年是数字农业窗口期〉，新浪财经，2020
· 〈Morning Consult：59%的Z世代美国人反对TikTok禁令〉，199it，2020
· 〈独家｜拼多多版"小红书"上线，"多多比优"瞄上好物种草〉，Tech星球，2020
· 〈林毅夫：以"内循环为主" 并非应对中美摩擦的短期措施〉，中国新闻网，2020
· 〈摩根士丹利邢自强：疫情后"内循环"经济之我见〉，财富管理50人论坛，2020
· 〈vlog是品牌的好选择吗？〉，搜狐AdTime，2019
· 〈"Z世代"崛起：流浪QQ移民移动新世界〉，知乎，2019
· 〈五年来，中国在以色列科技产业投资年增长率达 50%〉，白鲸出海，2017
· 〈为什么以色列正成为中国投资的主要目的地？〉，白鲸出海，2018
· 〈以色列拒绝使用中国5G，美国小弟"最后的倔强"〉，百度 百态有语，2020
· 〈无人便利店"在楼下"获千万美元融资 无人零售市场走势如何？〉，中商情报网，2018
· 〈拼多多发布好物种草平台"多多比优"，能否成功发力高品质市场？〉，腾讯网，2020
· 〈当之无愧！拼多多2019年营收301.4亿，中国第二大电商平台稳了〉，网易，2020
· 〈拼多多爆红背后 三四线"小镇青年"更富更敢花钱〉，885财经，2018
· 〈安徽枞阳县长拼多多直播：半小时售出20万枚鸡蛋，带动当地农产品订单量上涨130%〉，中国小康网，
　　2020
· 〈钉钉下乡〉，雷锋网，2020
· 〈营销案例 完美日记：如何玩转小红书和B站〉，网经社，2019
· 〈玩转小红书和 B 站，新国货"完美日记"90分钟卖了1个亿|新世代崛起之后的"美丽生意"③〉，36kr，2019
· 〈百度收购YY，当万亿流量碰撞直播生意〉，新浪财经，2020
· 〈独家 订单量增长700% 叮当快药不能停〉，亿邦动力，2020
· 〈钉钉火到日本去了？东京学生开始用钉钉上课〉，中国新闻网，2020
· 〈"健康码"背后的腾讯C2B大练兵〉，腾讯网，2020
· 〈阿里、腾讯推出健康码，凭"码"进出城市，你申领了吗？〉，百度 璇无玑，2020
· 〈微信 钉钉 抖音的在线课：不光战疫求生 还要保卫增长〉，亿邦动力，2020
· 〈深网|百度上线EasyDL商品检测专业版和语音识别自训练平台〉，腾讯科技，2019
· 〈百度贾磊：深度学习助力语音识别打破领域壁垒〉，搜狐 中关村在线，2019
· 〈年轻人要健康，餐饮刮起"养生风"〉，亿欧，2020
· 〈综述：数字平台激发中国创新活力〉，中国新闻网，2020
· 〈李克强：中国经济有韧性，"双创"是个重要支撑〉，gov.cn，2019
· 〈阿里巴巴张勇：平台经济的核心是能否为他人创造价值〉，网易，2020
· 〈缤果盒子邓雄：构建软硬一体智能平台 以人工智能赋能零售〉，PConline，2018

· 〈VR教室落地嘉兴市吉水小学，百度VR再显锋芒〉, 百度 中国日报网, 2019
· 〈What is the Platform Economy?〉, bmc blogs, 2020
· 〈China's country-as-platform strategy for global influence〉, BROOKINGS, 2020
· 〈How China could shape the future of techonology〉, BBC, 2020
· 〈Digital platforms in China〉, World bank blogs, 2018
· 〈"B站"COO李旎：Z世代将构成健康版权生态基础〉, bilibli官网, 2019
· 〈Forrester预计2022年中国电子商务市场的规模将达到1.8万亿美元〉, 电子说, 2018
· 〈拼多多朱健翀：预计2020年平台农产品交易额突破2500亿〉, 亿邦动力, 2020
· 〈国家统计局：中国2020年一季度GDP同比下降6.8%〉, 国家统计局网站, 2020

· 〈텐센트·알리바바, 클라우드에 120兆〉, 한국경제 국제, 2020
· 〈韓 클라우드 시장 뛰어든 中 텐센트 "재택근무·온라인 교육 서비스"〉, 동아 donagA.com, 2020
· 〈핫스톡 중국 최대 온라인 여행사 '씨트립'〉, 뉴스핌, 2020
· 〈중국 전자상거래 新동력, 350조원 시장 'SNS 쇼핑플랫폼'〉, 뉴스핌, 2019
· 〈세계 미래학자 제이슨 셍커 "코로나 이후 식량·농업이 경제 핵심"〉, 이데일리, 2020
· 〈글로벌-이슈 24 신인류 Z세대, 디지털과 함께 살고 미래 낙관〉, 글로벌이코노믹, 2020
· 〈구글, 데이터 분석 및 BI 플랫폼 '루커' 인수 완료〉, CIO KOREA, 2020
· 〈VR에 힘주는 페이스북, "올해 놀라운 소식 발표할 것"〉, INVEN, 2020
· 〈코로나에 뜨는 중국 '원격의료' 업종, 온라인 의료 플랫폼 주가도 후끈〉, 뉴스핌, 2020
· 〈'언택트 배송', 중국의 무인배송로봇 눈길〉, 뉴스핌, 2020
· 〈중국發 C의 공포…韓 1분기 수출 타격 불가피〉, 아시아경제, 2020
· 〈中 기업들, 첨단 기술 실생활에 적극 도입〉, 인민망, 2018
· 〈아마존도 '우주인터넷' 사업 가세…위성 이용한 인터넷 준비중〉, 한국경제 국제, 2019
· 〈中 알리바바, 역학 조사 및 상담 로봇 27개省 무료 보급〉, 로봇신문, 2020
· 〈김인경의 亞~금융 中, 의료보험도 알리바바에서?〉, 이데일리, 2020
· 〈플랫폼 전략의 대가 히라노 "플랫폼이 곧 게임의 규칙"〉, 조선비즈, 2019
· 〈코트라, '2020 세계시장 진출전략 설명회' 개최〉, NEWSIS, 2019
· 〈中 애니메이션 시장, 온라인 플랫폼으로 'Z세대' 저격〉, 아주경제, 2019
· 〈러시아 "中 화웨이와 5G 기술 협력 검토"〉, 조선비즈, 2020
· 〈중국 스마트농촌 '러닝 닭' 주목…"꿀꿀"에 건강상태 체크〉, 인민망, 2018
· 〈B2B, B2C는 아시죠? B2K2C는 아십니까? '샤오홍슈를 개척하자!'〉, 뷰티경제, 2020
· 〈저커버그, 페이스북 2030년 비전 제시〉, BLOCK MEDIA, 2020
· 〈제프 베이조스는 어떻게 '아마존 시대'를 열었나〉, 아시아경제, 2019
· 〈"인공지능 플랫폼을 선점하라"〉, The Science Times, 2016
· 〈플랫폼 기업, 못 말리는 대세 of 대세〉 1boon, 전국투자자교육협의회, 2020
· 〈중국發 C의 공포…韓 1분기 수출 타격 불가피〉, 아시아경제, 2020
· 〈'1위 갑부' 베조스, 아마존 주식 1.2조원어치 팔았다〉, 머니투데이, 2017
· 〈무인매장 선보였던 아마존, 계산 필요없는 쇼핑카트 공개〉, ZDNET KOREA, 2020
· 〈阿里达摩院发布AI EARTH 可精准分析遥感卫星、无人机等影像信息〉, 199it, 2020

[블로그]

· 〈中 온라인 수업 플랫폼 3가지〉, 네이버블로그 중국바람, 2020
· 〈중국 기업마저 얼어붙게 만든 판호 정책... 텐센트 게임 부문 매출 '제자리 걸음'〉, 네이버포스트 디스이즈게임, 2019
· 〈이제는 온오프라인 통합시대! 달라진 중국의 신선 식품 시장 플랫폼!〉, 네이버 블로그 KATI 수출정보, 2018
· 〈신선함을 배송합니다, 중국 신선식품 콜드체인 물류시장〉, 네이버 블로그 산소통, 2020
· 〈"4차 산업혁명기, 플랫폼 산업의 핵심 키워드는 '이것'〉, 네이버 포스트 제이펍, 2017
· 〈플랫폼 기업, 못 말리는 대세 of 대세〉, 네이버 포스트 전국투자자교육협의회, 2020
· 〈중국 뷰티기업, 퍼펙트 다이어리의 샤오홍슈 마케팅〉, 네이버 블로그 Hylink Korea, 2020
· 〈중국, Z세대의 소비행태 변화〉, 네이버 블로그 gononmin, 2020
· 〈테크/경제 알리바바, 이스라엘 AR 스타트업 '인피니트AR'전격 인수 外 1건〉, 네이버 블로그 Nn리펄스, 2019
· 〈온라인 약국 플랫폼 필맥을 인수한 아마존, 온라인 시장의 거대한 공룡〉, 네이버 블로그 김상은작가, 2018
· 〈신종 코로나 바이러스, 중국 소비·유통 온라인화 가속〉, 네이버 블로그 한국무역협회, 2020
· 〈바이두, 2020년까지 완전 자율주행차 만든다 기술 공유 프로젝트 '아폴로'〉, 네이버 포스트 카가이 CAR GUY, 2017
· 〈바이두 오폴로 오픈 소스 자율 주행 플랫폼〉, 네이버 블로그 HSJ, 2019
· 〈아마존, 자율 주행 배달 로봇 '스카우트' 공개〉, 네이버 포스트 아이즈매거진, 2019
· 〈아마존과 알리바바가 '페이'부터 장악한 이유〉, 네이버 포스트 티타임즈, 2019
· 〈미국 경제 월마트, 온라인 주문 식료품 배송 위해 로봇 기술 도입〉, 네이버 블로그 런런대디의 얼바인 스토리, 2020
· 〈신선함을 배송합니다, 중국 신선식품 콜드체인 물류시장〉, 네이버 블로그 산소통, 2020

차이나
디지털플랫폼 전쟁

———

초판 1쇄 인쇄 2021년 1월 20일
초판 1쇄 발행 2021년 1월 25일

지은이   유한나
펴낸이   박정태
편집이사   이명수   출판기획   정하경
편집부   김동서, 위가연
마케팅   박명준, 이소희   온라인마케팅 박용대
경영지원   최윤숙

펴낸곳   북스타
출판등록   2006. 9. 8 제313-2006-000198호
주소   파주시 파주출판문화도시 광인사길 161 광문각 B/D
전화   031-955-8787   팩스   031-955-3730
E-mail   kwangmk7@hanmail.net
홈페이지   www.kwangmoonkag.co.kr
ISBN   979-11-88768-34-9 03320
가격   17,000원

저자와의 협약으로 인지를 생략합니다.
잘못된 책은 구입한 서점에서 바꾸어 드립니다.